Qualitätsmanagement für Unternehmer und Führungskräfte

Erich Müller

Qualitätsmanagement für Unternehmer und Führungskräfte

Was Entscheider wissen müssen

 Springer Gabler

Erich Müller
Lappersdorf
Deutschland

ISBN 978-3-642-41001-7   ISBN 978-3-642-41002-4 (eBook)
DOI 10.1007/978-3-642-41002-4

Die Deutsche Nationalbibliothek verzeichnet diese Publikation in der Deutschen Nationalbibliografie;
detaillierte bibliografische Daten sind im Internet über http://dnb.d-nb.de abrufbar.

Springer Gabler

Gedruckt auf säurefreiem und chlorfrei gebleichtem Papier

Springer Gabler ist eine Marke von Springer DE. Springer DE ist Teil der Fachverlagsgruppe Springer
Science+Business Media
www.springer-gabler.de

Vorwort

Dieses Buch basiert auf jahrzehntelanger Erfahrung im operativen Qualitätsmanagement in einem weltweit tätigen Großunternehmen sowie auf jahrelanger Lehr- und Beratungstätigkeit im Qualitätsmanagement. Es stellt die Aufgabenstellungen der Unternehmensführung in der Qualitätsarbeit in den Mittelpunkt.

Qualität der Produkte und Dienstleistungen als Abgrenzung gegen Niedrigpreis-Politik wird immer mehr zur Überlebensstrategie deutscher Unternehmen. Wettbewerbsfähigkeit gegen Billiglohnländer kann nur aus der Qualität resultieren. Damit wird das Managen der Qualität immer mehr zur Kernaufgabe der Führungsebene. Dieses Buch gibt dazu Anleitung und Hilfestellung. Es richtet sich jedoch nicht nur an Führungskräfte, sondern stellt Unterstützung für jeden Mitarbeiter bereit, der sich mit Qualitätsmanagement beschäftigen muss (also für Jeden).

Der Aufbau des Buches richtet sich nach der Definition der Aufgabenstellungen im Management (Kap. 1 bis Kap. 6). Kapitel 7 gibt einen Überblick über die wichtigsten und meist verbreiteten Prozesse und Methoden des Qualitätsmanagements. Es soll insbesondere die Entscheidung über die Nutzung dieser Verfahren erleichtern. (Einige Methoden sind komplexer Natur. Dieses Buch erhebt nicht den Anspruch, für Einführung und Betreiben ausreichend zu sein. Das Studium von Spezialliteratur und/oder Unterstützung durch externe Beratung sind anzuraten.)

Lappersdorf, im August 2013   Erich Müller

Inhaltsverzeichnis

Einführung

1

1.1 Motivation

Qualität als Maß für die Erfüllung von Anforderungen ist ein entscheidender Hebel zur Erreichung nachhaltigen wirtschaftlichen Erfolges. Qualität sichert den Erlös des Unternehmens durch Kundenbindung und reduziert die Kosten durch Vermeidung von Fehlern und Verschwendung. Qualität ist die Grundlage für stabile Konkurrenzfähigkeit und damit das Überleben des Unternehmens.

Qualität der Produkte und Prozesse ist also unabdingbar notwendig für das Erreichen der Selbsterhaltungsziele eines Unternehmens:

- **die Qualität der Produkte sichert Marktanteile und Umsätze**
- **die Qualität der Prozesse stabilisiert die Kostenposition.**

Qualität und Preis als Steuergrößen für den Unternehmenserfolg Qualität als integrale Messgröße für die Erfüllung von Kundenanforderungen einerseits und der Preis andererseits sind die bestimmenden Größen für Kaufentscheidungen. Der Quotient aus Qualität und Preis (der Kundennutzen) ist die Messgröße, anhand derer der Kunde Produkte vergleicht. Dabei sind sowohl Preis als auch Qualität relative Größen, die durch den Markt, d. h. alle Anbieter definiert werden. Die Portfolio-Darstellung in Abb. 1.1 ist geeignet, die Konkurrenzfähigkeit von Produkten darzustellen, zu bewerten und geeignete Strategien abzuleiten, mit denen Produkte in den Zielquadranten (Qualität gut, Preis niedrig) gebracht werden können.

Die Strategien zielen auf Verbesserung der Produktqualität und/oder Reduzierung von Fehlern und damit Verbesserung der Kostenposition:

- **Strategie 1: Verbesserung der Qualität des Endproduktes**
  "rechts-Bewegung" im Portfolio:

E. Müller, *Qualitätsmanagement für Unternehmer und Führungskräfte*,
DOI 10.1007/978-3-642-41002-4_1, © Springer-Verlag Berlin Heidelberg 2014

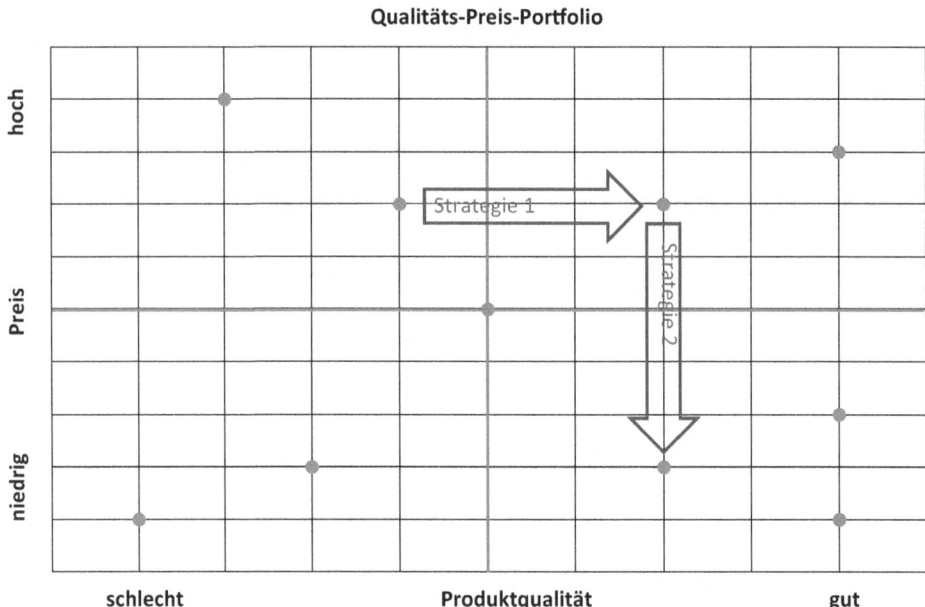

Abb. 1.1 Qualitäts-Preis-Portfolio. (nach: Stöger et al Management Zentrum St. Gallen, OnlineBlatt 5/2005)

Innovation und kontinuierliche Verbesserung sorgen dafür, dass das Produkt die Anforderungen des Kunden immer umfassender und besser erfüllt. Dies umfasst nicht nur technische Ausprägungen der Nutzung, sondern auch Produktzuverlässigkeit und zugeordnete Service-Leistungen. Insbesondere das konsequente Abstellen von durch den Kunden adressierten wie selbst erkannten Schwächen ist hier ein Schwerpunkt.

• **Strategie 2: Verbesserung der Qualität der Prozesse des Unternehmens**
  "abwärts-Bewegung" im Portfolio Reduzierung von Fehlern und Vermeidung von Verschwendung führen zu Kostenreduzierungen, die zumindest teilweise in Form reduzierter Preise die Kaufentscheidung des Kunden positiv beeinflussen.

Grundsätze Die Trennung der beiden beschriebenen Strategien ist weniger streng als dargestellt: einerseits erzielt man ja die Verbesserung der Qualität des Produktes u.A. durch Verbesserung der Prozesse (z. B. Reduzierung von Fertigungsstreuungen), andererseits führt das konsequente Eliminieren von Fehlern und Fehlerquellen in den Prozessen auch zu einer Verbesserung der Produktqualität.

Bei der Bewegung des Produktes im Portfolio ist weiterhin zu beachten, dass auch die Achsen (Bewertungsmaßstäbe) des Portfolios durch Qualitätsmaßnahmen aller beteiligten Unternehmen (Mitbewerber) ihre Lage verändern. Ein Produkt, an dessen Qualität und Preis nicht gearbeitet wird, verändert seine Lage automatisch zum Schlechteren, da die Achsen an seiner Position im Portfolio „vorbeiwandern".

1.2 Aufgaben der Unternehmer und Führungskräfte im Qualitätsmanagement

Qualität muss durch ein effektives und effizientes Qualitätsmanagement herbeigeführt und stabilisiert werden. Qualitätsmanagement (QM) ist Leitungsaufgabe und kann nicht delegiert werden. Aufbau und Pflege des Qualitätsmanagements sind daher originäre Aufgaben der Unternehmensleitung.

Qualitätsmanager unterstützen durch Expertise und Kreativität, jedoch ist die Verantwortung für das Qualitätsmanagement (und damit die Qualität) nicht an sie delegierbar.

Die Aufgaben und das Rollenverständnis der Unternehmensleitung leiten sich aus ihrer Verantwortung als Manager des Unternehmens und den Notwendigkeiten für ein funktionierendes QM ab. (Vergleiche dazu auch den Normabschnitt 5 „Verantwortung der Leitung" der DIN EN ISO 9001:2008, die in Kap. 3.1 besprochen wird). Die konkreten Aufgabenstellungen lassen sich von der Definition des Begriffes „Management" ableiten:

Unter Management versteht man:

Alle aufeinander abgestimmten Tätigkeiten zum Lenken und Leiten einer Organisation um ein bestimmtes Ziel zu erreichen oder eine bestimmte Aufgabe zu erfüllen.

Dies umfasst:

- Planung und Entscheidung
- zweckmäßige Aufbau-Organisation
- Gestaltung zwischenmenschlicher Beziehungen
- Vergleich von Ergebnissen mit Zielen und Ableitung von Maßnahmen (Controlling).

Entsprechend umfasst das Qualitätsmanagement

aufeinander abgestimmte Tätigkeiten zum Lenken und Leiten einer Organisation bezüglich Qualität und ist damit ein Teil des Managements der Organisation.

Qualitätsmanagement beinhaltet also alle Tätigkeiten, welche die Qualitätsziele des Unternehmens festlegen und für deren Realisierung notwendig sind.

Für die Unternehmensführung ergeben sich daraus fünf Aufgaben:

- Planen und Entscheiden
    - Festlegen der Qualitätspolitik (vergleiche hierzu die Acht QM- Grundsätze Kap. 2.1.2)
    - Festlegen der Qualitätsstrategie (Prozessorientierung?, TQM?,
    - 0-Fehler-Strategien?, 6-sigma?, Zertifizierung?. . .)
    - Festlegen übergeordneter Qualitätsziele des Unternehmens abgeleitet von Produkt- und Marktstrategien
    - Zusammenfassung in einem Leitbild
- Organisation: Aufbau eines geeigneten Qualitätsmanagementsystems (QMS)
    - Regelungen, Verfahren, Prozesse
    - Ressourcen für QM und Einbindung in die Gesamtstruktur des Unternehmens

- – Festlegung von Verantwortungen und Befugnissen
- – Festlegung von Kommunikationsstrukturen im Unternehmen
- Gestaltung zwischenmenschlicher Beziehungen
  - – Förderung des QM durch persönliches Vorleben
  - – Persönliche Erarbeitung der Q-Politik, des Leitbildes und der übergeordneten Q-Ziele
  - – Regelmäßige Reviews der Qualitätslage, Verfolgen von Maßnahmen,
  - – (Managementbewertung entsprechend Abschn. 5.6 der Din EN ISO 9001)
  - – Schaffung und Nutzung geeigneter Informationsstrukturen
  - – Motivation und Einbeziehung aller Mitarbeiter des Unternehmens
  - – Direkte Kommunikation mit den Kunden
- Controlling: In regelmäßigen festgelegten Zeitabständen Vergleich der aktuellen Status mit den Zielen; Ableitung und Verfolgen von Maßnahmen bei Abweichung sowie Festlegen von Verbesserungsmaßnahmen:
  - – Festlegen eines Kennzahlengerüstes (KPI, Balanced Scorecards)
  - – Überprüfung von Effektivität und Effizienz des Qualitätsmanagements durch interne Audits und Managementbewertungen
  - – Messung der Kundenzufriedenheit
  - – Reaktion auf Rückmeldungen des Kunden
- Kontinuierliche Verbesserung und Innovation
  - – Festlegen von Strukturen und Zielen, die KVP und Innovation fördern
  - – Mitarbeitertraining
  - – Lieferantenertüchtigung

Erläuterung Die Punkte 4) und 5) werden in der Managementlehre gemeinsam behandelt. Im Qualitätsmanagement ist der KVP-Gedanke jedoch von herausragender Bedeutung und wird hier daher gesondert betrachtet.

Unternehmensleitung und Führungskräfte benötigen offensichtlich Kenntnisse der Prinzipien des Qualitätsmanagements und der verwendeten Methoden. Diese werden in den folgenden Kapiteln vermittelt.

2

2.1 Grundlagen des Qualitätsmanagements

Die Planung des QM des Unternehmens erfordert die Kenntnis relevanter Begriffe und innerhalb des QM verwendeter Strukturen, die in diesem Kapitel vermittelt werden.

2.1.1 Überblick

Qualitätsbegriff Der Begriff „Qualität" beinhaltet nicht nur Produkteigenschaften wie etwa Haltbarkeit oder Verarbeitung eines Produktes, sondern ist von viel grundlegenderer Bedeutung. Aus dem richtigen Verständnis von Qualität lassen sich im Prinzip alle Prozesse, Maßnahmen und Methoden des QM ableiten.

Der Begriff „Qualität" umfasst eine Vielzahl von Eigenschaften, die sich alle dem Überbegriff „Anforderungen" zuordnen lassen. Dies umfasst Haupt- und Nebenfunktionen des Produktes, Zuverlässigkeit, verfügbare Service- und Unterstützungsleistungen im Gebrauch, Gewährleistungen, Design, aber auch Erfüllung der Anforderungen an die Herstellung wie Vermeidung von Kinderarbeit, sowie Schonung von Ressourcen und Umwelt.

Damit wird der Begriff der Qualität eine Produktes oder einer Dienstleistung konkret:

Qualität ist der Grad der Erfüllung explizit festgelegter (geäußerter) und stillschweigend vorausgesetzter Anforderungen an ein Produkt oder eine Dienstleistung. Diese Anforderungen definiert der Kunde!

Je besser die Anforderungen erfüllt werden, desto höher ist die Qualität und desto zufriedener ist der Kunde:Hohe Qualität erzeugt hohe Kundenzufriedenheit.

Wer genau **definiert** nun die Anforderungen? Offensichtlich der Endkunde (der Verbraucher, siehe oben), aber nicht nur dieser. Zusätzlich stellen Anforderungen:

E. Müller, *Qualitätsmanagement für Unternehmer und Führungskräfte*,
DOI 10.1007/978-3-642-41002-4_2, © Springer-Verlag Berlin Heidelberg 2014

- der Gesetzgeber (z. B. Umweltverträglichkeit)
- die Gesellschaft (z. B. Produkte sollen nicht durch Kinderarbeit entstehen)
- das Unternehmen selbst (z. B. kostengünstige Fertigbarkeit, Ausbeuten, Marktakzeptanz des Produktes)
- die Mitarbeiter (z. B. zum Arbeitsumfeld, zur Arbeitssicherheit)
- aber auch:
- Mitbewerber, die neue verbesserte Produkte anbieten und damit die Anforderungen des Endkunden verändern.

Bedeutung der Qualität für das Unternehmen (vergleiche hierzu Kap. 1.1)

1. Nach außen (Markt und Kunde)

Verkaufen kann nur, wer Kunden gewinnt und hält. Bietet ein Mitbewerber für vergleichbare Produkte und Dienstleistungen bessere Qualität, so wird er die Kunden gewinnen. Hohe Kundenzufriedenheit (=hohes Maß an Erfüllung aller Anforderungen) ist die Grundlage für Kundengewinnung und Kundenbindung.

Mit anderen Worten: **nur vorhandene und vom Kunden als vorhanden empfundene Qualität kann die Akzeptanz der Produkte/Dienstleistungen im Markt und damit die Existenz des Unternehmens sichern.** (Natürlich muss dabei auch ein betriebswirtschaftlich sinnvolles Geschäftsergebnis erzielt werden.)

Einige Aussagen nach Tilo Pfeifer (1993) belegen, wie hart der Kunde auf mangelhafte Qualität reagiert:

- 90 % der unzufriedenen Kunden kaufen das Produkt nicht mehr
- jeder unzufriedene Kunde teilt 9–20 weiteren Personen seinen Unmut mit
- jedoch: nur 4 % der unzufriedenen Kunden beschweren sich.

Die letzte Aussage ist besonders schwerwiegend für ein Unternehmen, da deshalb oft vorhandene Qualitätsmängel nicht erkannt werden. (Die Kunden laufen weg und man weiß nicht, warum.)

2. Nach innen

Innerhalb des Unternehmens durchgeführte Tätigkeiten sind als interne Dienstleistungen aufzufassen (so entstehen z. B. in der Fertigung Teilprodukte, die in den folgenden Prozessschritten weiterbearbeitet werden müssen). Auch hier sind interne Anforderungen formuliert, deren Erfüllung die Qualität der Arbeitsergebnisse darstellt. Im Prozessablauf liegt zwischen den Verantwortlichen der Teilprozesse ein internes Kunden-Lieferantenverhältnis vor.

Schlechte Qualität der Arbeitsergebnisse innerhalb des Unternehmens zieht hohe Kosten nach sich. Insbesondere entstehen im Produktlebenszyklus 75 % der Fehler während

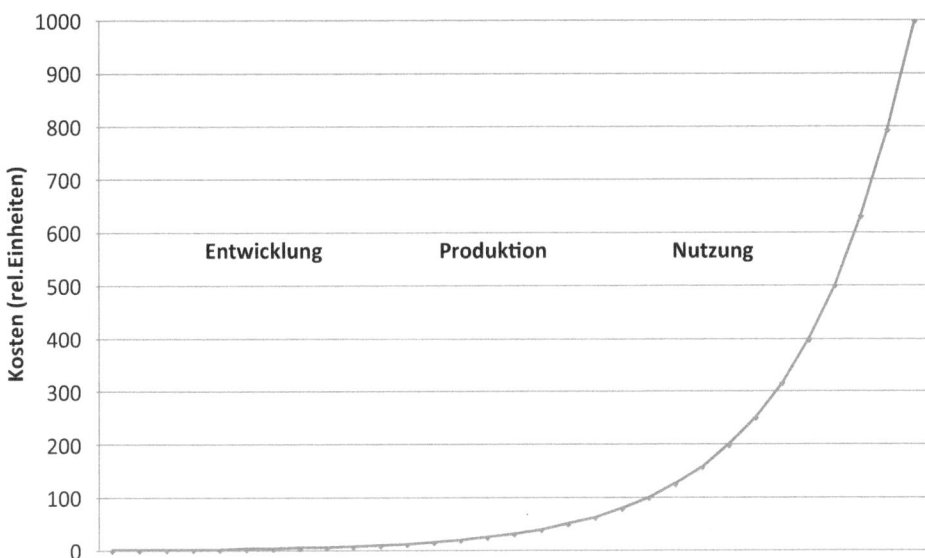

Abb. 2.1 10er Regel der Fehlerkosten

der Produktentwicklung und werden zu 80 % erst während Produktion oder gar Nutzung erkannt und behoben. Dabei ist der Begriff „Fehler" definiert als die Nichterfüllung einer Anforderung (siehe dazu Kap. 2.1.3).

Die Abb. 2.1 zeigt zusätzlich, wie dramatisch sich die Zeitspanne zwischen Begehen und Erkennen des Fehlers auswirkt: Je später im Produktlebenszyklus ein Fehler erkannt wird, desto grösser sind die durch ihn verursachten Kosten. Empirisch verzehnfachen sich die Fehlerkosten für jeden Schritt im Produktlebenszyklus, den er später aufgedeckt wird.

Die Qualität der Arbeitsergebnisse und Prozesse ist somit einer der entscheidenden Kostenfaktoren in einem Unternehmen.

Kundenzufriedenheit: das Kano-Modell   Die Erfüllung aller Anforderungen erzeugt Kundenzufriedenheit und damit Kunden und Umsatz. Noriaki Kano (1978) betrachtet die Anforderungen des Kunden differenziert.

Die Kernaussage des Modells ist eine Kategorisierung der Kundenanforderungen in sogenannte Merkmalsarten mit unterschiedlichen Hebelwirkungen auf die Zufriedenheit des Kunden:

- **Basis-Anforderungen:** diese werden vom Kunden nicht formuliert, da ihre Erfüllung als selbstverständlich angenommen wird (vergleiche dazu die „stillschweigend vorausgesetzten" Anforderungen in der Definition des Qualitätsbegriffes). Die Erfüllung dieser Anforderungen befördert die Zufriedenheit des Kunden nicht oder nur marginal. Wohl aber bewirkt Nichterfüllung starke Unzufriedenheit.

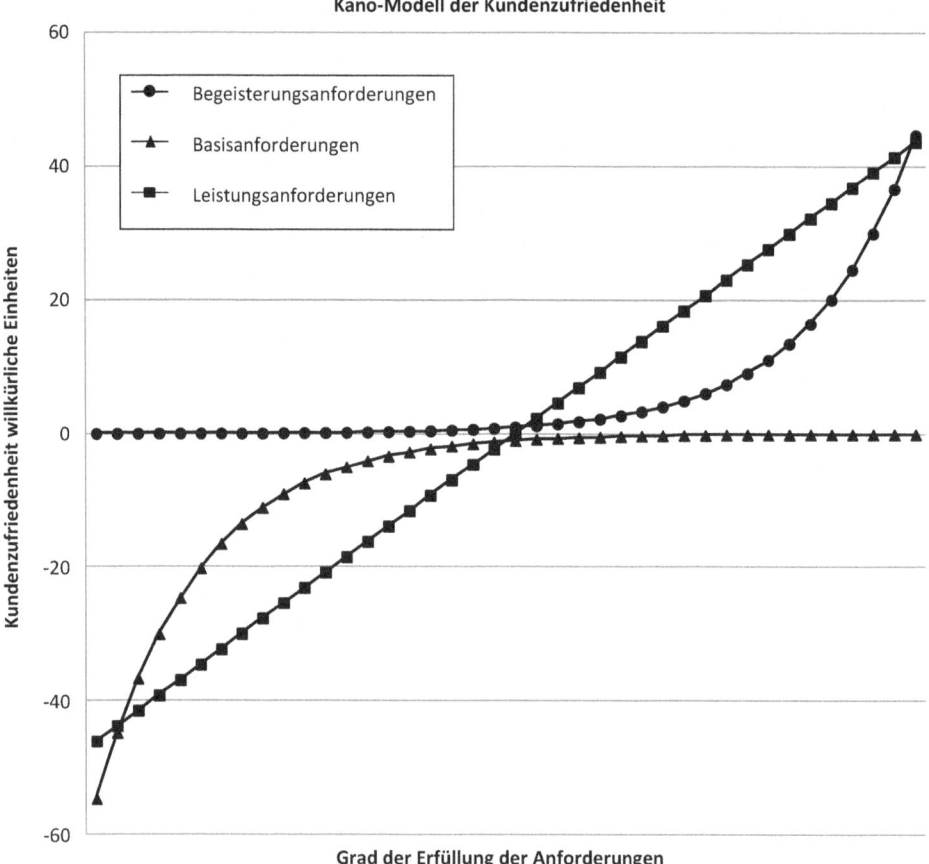

Abb. 2.2 Kano-Modell

- **Leistungs-Anforderungen:** Diese werden vom Kunden formuliert, sind also Inhalt des Lastenheftes. Je besser und vollständiger sie erfüllt werden, desto zufriedener ist der Kunde. Schwerpunkt der Qualitätslenkung ist die Erfüllung der Leistungs-Anforderungen an Produkte und Dienstleistungen, die bereits auf dem Markt sind.
- **Begeisterungs-Anforderungen:** Diese werden vom Kunden nicht formuliert, da er „noch gar nicht daran gedacht hat". Der Hersteller übernimmt hier stellvertretend die Rolle seines Kunden. Er formuliert und realisiert neue Anforderungen. Dadurch begeistert er den Kunden und schafft so einen Marktvorteil gegen seine Mitbewerber.

Daneben formuliert Kano noch „Unerhebliche Merkmale" und „Rückweisungs-Merkmale", die für die hier angestellten Überlegungen keine Rolle spielen.

Die Abb. 2.2 zeigt, wie Kunden auf die Erfüllung ihrer Anforderungen reagieren.

Degradation und Innovationsdruck Begeisterungs-Anforderungen führen nicht auf Dauer zu begeisterten Reaktionen des Kunden (insbesondere was die Kauffreude und damit den Umsatz des Anbieters angeht). Üblicherweise bringen Mitbewerber innerhalb kurzer Zeitspannen vergleichbare Produkte, Produkteigenschaften oder Anwendungen auf den Markt, sodass aus Begeisterungs-Anforderungen Leistungs-Anforderungen und letztendlich Basis-Anforderungen werden (Fordern Sie beim Kauf eines Autos explizit das Vorhandensein von Sicherheitsgurten? In den 1960er Jahren waren Sicherheitsgurte im Auto durchaus eine Begeisterungs-Anforderung).

Wichtiger Grundsatz: Die Handlungsanweisung für das Unternehmen ist offensichtlich: es ist notwendig, mit kontinuierlicher Innovationstätigkeit degradierte Begeisterungs-Anforderungen permanent durch neue zu ersetzen. Nur dadurch kann ein Unternehmen dauerhaft wettbewerbsfähig gehalten werden.

Hinweis: Begeisterungs-Anforderungen müssen nicht immer spektakuläre Innovationen sein, die neue Produkte auf den Markt bringen. Oft ist ein Zusatznutzen eines bestehenden Produktes durchaus ausreichend, um Begeisterung beim Kunden zu erzeugen.

2.1.2 Qualitätsmanagement: Arbeitsbereiche und Aufbau

Das Qualitätsmanagement wird üblicherweise in fünf Arbeitsbereiche gegliedert, die im Folgenden beschrieben werden:

- Qualitätspolitik
- Qualitätsplanung
- Qualitätslenkung
- Qualitätssicherung
- KVP (kontinuierlicher Verbesserungsprozess, manchmal auch Qualitätsförderung genannt)

Qualitätspolitik Die Qualitätspolitik wird durch die Unternehmensleitung festgelegt. Sie beinhaltet übergreifende, strategische Aussagen zur Qualität und ist damit ein Teil der Unternehmensstrategie. Sie legt den Handlungsrahmen des QM fest und definiert die Vorgaben für die Qualitätsziele, die in konkreter Form durch die Qualitätsplanung fixiert werden. Die Qualitätspolitik ist oft ein Teil eines Unternehmensleitbildes

Es folgen beispielhaft einige Auszüge aus den Qualitätsaussagen bekannter Unternehmen/Organisationen:

Ford: es ist ein Geschäftsgrundsatz, ... Bedürfnisse und Erwartungen der Kunden zu erfüllen, und hierfür ein Arbeitsumfeld zu schaffen, das alle Mitarbeiter anspornt ...

IBM: Die Qualität eines neuen Produktes... muss besser sein als die eines auf dem
          Markt befindlichen Produktes.
Bosch: Ziel... ist es, unseren Kunden... fortschrittliche, zuverlässige und preisgünstige
          Produkte anzubieten.
          Die Sicherung der Qualität gehört zur Aufgabe jeden Mitarbeiters.
          Das Qualitätsbewusstsein in allen Ebenen zu fördern, ist ständige Führungs-
          aufgabe.

Leitbild der Hochschule Regensburg (Hopfenmüller 2008):

- Unsere Aufgabe:
  Anwendungsorientierte Ausbildung, angewandte Forschung und praxisnahe
  Weiterbildung
- Unsere Verantwortung:
  Aktualität des Wissens und Qualität der Lehre
- Unsere Verpflichtung:
- Begleitung durch Studium und Berufsleben
- Unsere Rolle in der Gesellschaft:
  Wir sind Bildungspartner
- Unser Ziel:
  Entwicklung und internationale
  Ausrichtung
- Unser Weg:
  ständige Verbesserung
- Unsere Vision:
  Wir wollen Vorbild sein

Qualitätsplanung Hier werden, abgeleitet von den Kundenanforderungen, im Rahmen
der Vorgaben der Qualitätspolitik Qualitätsziele, Produktmerkmale und Anforderungen an das Produkt und die Herstellprozesse festgelegt (siehe dazu auch Kap. 2.1.3).
Die dazu notwendigen Ressourcen (Personal, Methoden, Maschinen, Geldmittel) werden
bereitgestellt.

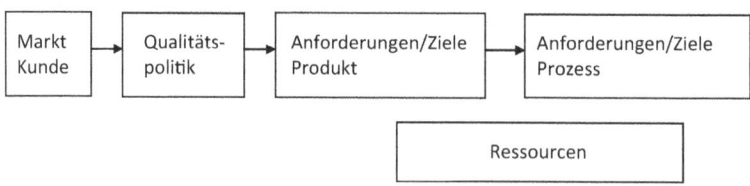

Qualitätslenkung (siehe dazu Kap. 2.1.4) Sie umfasst alle

- vorbeugenden
- überwachenden
- korrigierenden

Tätigkeiten bei der Realisierung des Produktes/der Dienstleistung mit dem Ziel, die Qualitätsanforderungen (die die Qualitätsplanung festgelegt hat) zu erfüllen. Insbesondere beinhaltet sie neben der Korrektur von Fehlern die Beseitigung von Fehlerursachen.

Neben geeigneten Maßnahmen am Produkt in Produktion, Lagerung, Versand und in der Gebrauchsphase sind auch die Aktivitäten zur Erfüllung der definierten Anforderungen an die Herstellprozesse beinhaltet.

Qualitätssicherung Sie dient der Nachweisführung, dass die gesetzten Qualitätsziele erreicht werden und wird als vertrauensbildende Maßnahme gegenüber dem Kunden verstanden. Dies geschieht meist durch Zwischen- und Endprüfungen (die nach Definition natürlich gleichzeitig Maßnahmen der Qualitätslenkung darstellen.)

Der im alltäglichen Sprachgebrauch verwendete Terminus „Qualitätssicherung" hat damit den Inhalt der Qualitätslenkung.

Kontinuierlicher Verbesserungsprozess (KVP) Er dient der Verbesserung der Produkte/Dienstleistungen wie auch der Prozesse der Organisation durch regelmäßig zu durchlaufende Verbesserungszyklen.

Neben der Verbesserung der Qualität stellen sich positive Auswirkungen auf Kosten und Zeit ein. Insbesondere ist die Eliminierung von Verschwendung ein erklärtes Ziel der KVP-Aktivitäten.

QM im Produktzyklus In der Abb. 2.3 werden die Arbeitsgebiete des QM einer groben Übersicht des Produktlebenszyklus zugeordnet. Zu jeder Phase hat das Qualitätsmanagement die geeigneten Maßnahmen zu definieren, zu dokumentieren, ihre Realisierung und Wirksamkeit zu überwachen und zu bewerten.

Qualitätsmanagement-System (QMS) Ein QM entsteht nicht „von allein", sondern muss aufgebaut, eingeführt, umgesetzt und gepflegt werden. Dazu benötigt man ein QMS. Dieses beinhaltet:

- die Qualitätspolitik des Unternehmens
- eine Aufbauorganisation (oft: Qualitätsabteilung) mit Personal und Entscheidungsbefugnis
- Prozesse und Verfahren (viele davon werden in weiteren Kapiteln vorgestellt)

Eine ausgezeichnete Grundlage für den Aufbau von QMS ist die Norm DIN EN ISO 9001:2008.

Der Aufbau und die Pflege des QMS sind Inhalt von Kap. 3.

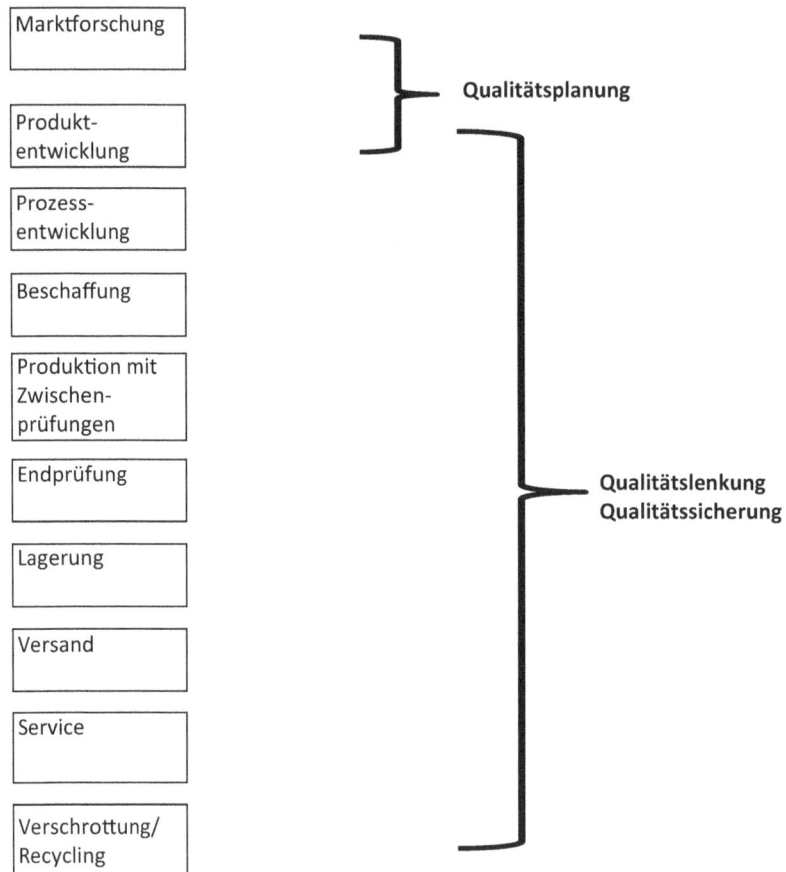

Abb. 2.3 QM im Produktlebenszyklus

QM-Handbuch Die Dokumentation des QMS erfolgt im QM-Handbuch. Es dient als Grundlage für die Überprüfung und ständige Verbesserung des QMS und als grundlegende Arbeitsanweisung für alle Belange der Qualitätsarbeit im gesamten Unternehmen.

Qualitätsbezogene Kosten Definition nach DIN EN ISO 8402:

„Kosten, die durch das Sicherstellen zufriedenstellender Qualität und durch das Schaffen von Vertrauen, dass die Qualitätsanforderungen erfüllt werden, entstehen, sowie Verluste infolge Nichterreichens zufriedenstellender Qualität"

Auf die Ermittlung und Bewertung der Qualitätskosten wird im Kap. 5.2 näher eingegangen.

Die acht Qualitätsmanagement-Grundsätze Sie sind die Grundlage der ISO 9000-Normenreihe (Kap. 3.1) und bilden die Basis eines jeden QMS:

1. Kundenorientierung
2. Führung: Festlegen einheitlicher Ziele und Schaffen einer Organisation und eines Arbeitsumfeldes, die zur Zielerreichung bestmöglich geeignet sind
3. Einbeziehung der Mitarbeiter
4. Prozessorientierter Ansatz
5. Systemorientierter Managementansatz: Leiten und Lenken der in Wechselwirkung stehenden Prozesse
6. Ständige Verbesserung
7. Datenbasierte Entscheidungen
8. Lieferantenbeziehungen zum gegenseitigen Nutzen (Lieferantenintegration)

Qualitätsverantwortung   Für das Erzeugen zufriedenstellender Qualität ist natürlich nicht die Qualitätsabteilung eines Unternehmens verantwortlich, sondern es gilt der

Grundsatz: Für die Verwirklichung der Qualitätsziele ist jeder Mitarbeiter in seinem Arbeitsbereich verantwortlich.

Jeder, der mit den Arbeitsergebnissen eines Mitarbeiters weiterarbeitet, diese also benötigt, ist dessen Kunde.

2.1.3   Qualitätsmerkmale und Fehler

Die vom Kunden geforderte Qualität (= Summe aller Anforderungen) wird vom Hersteller (Lieferanten) in detaillierte und quantifizierte **Qualitätsmerkmale** und Eigenschaften des Produktes übersetzt. Dies ist der Schritt vom Lastenheft des Kunden zum Pflichtenheft des Lieferanten (siehe dazu Kap. 2.1.2 sowie DIN EN ISO 9001, Abschn. 7.3):

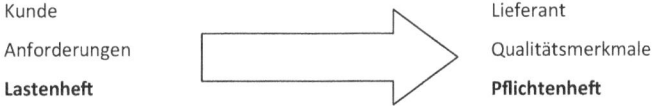

Kunde   Lieferant

Anforderungen   Qualitätsmerkmale

Lastenheft   **Pflichtenheft**

Offensichtlich bedarf es zur Realisierung einer Anforderung (meist) eines ganzen Satzes von Produkteigenschaften/Produktmerkmalen. Man denke zum Beispiel an die Anforderung „Kraftstoffverbrauch eines PKW < xx Liter/100 km" und die daraus resultierenden Qualitätsmerkmale des PKW wie Motordesign, Gewicht, cw-Wert etc.

QFD (Quality Function Deployment) ist eine häufig genutzte Methode, mit der Lastenhefte in Pflichtenhefte übersetzt werden. Sie wird im Kap. 7.3.1 beschrieben.

Grundsatz: Die Verantwortung für die oben zitierte Übersetzungsarbeit liegt selbstverständlich beim Lieferanten/Hersteller des Produktes.

Das Produkt wird dabei in Zwischen- und Endprüfungen darauf untersucht, ob die Qualitätsmerkmale realisiert sind (d. h. das Produkt konform zu den Anforderungen ist). Deshalb sind Qualitätsmerkmale meist auch **Prüfmerkmale**.

Fehler: Definition: Ein Fehler ist die Nichterfüllung einer Anforderung, z. B.:

- Nichterfüllung einer Kundenanforderung
- Nichterfüllung eines Qualitätsmerkmals, einer geforderten Produkteigenschaft
- Prozessmesswert außerhalb der Toleranz oder der Kontrollgrenzen
- falsch ausgeführte Tätigkeit

Grundsatz: Fehler führen immer zu Minderungen des wirtschaftlichen Erfolges eines jeden Unternehmens:

Die Nichterfüllung einer Kundenanforderung reduziert die Kundenzufriedenheit und führt in letzter Konsequenz zum Verlust des Kunden.

Fehler innerhalb des Unternehmens führen zu immensen Kosten durch Korrektur des Fehlers (Nacharbeit) oder gar Verwurf des Produktes.

Beispiel: Fehlerzunahme in einer Prozesskette (Fertigungslinie)

Zur Fertigung eines Produktes laufen n Prozessschritte hintereinander ab:
P1- > P2- > P3.........- > Pn
Annahme: jeder Prozessschritt wird zu 99 % fehlerfrei ausgeführt
    Es sollen 100 Produkte gefertigt werden

- Nach dem ersten Prozessschritt P1 sind 99 Teilprodukte geeignet zur Weiterverarbeitung, 1 Teilprodukt ist fehlerbehaftet und wird aussortiert
- Nach dem zweiten Prozessschritt P2 sind 99*0,99 = 98 Teilprodukte in Ordnung

Allgemein erhält man bei n Prozessschritten $100*(0,99)^n$ fehlerfreie Endprodukte. Die folgende Tabelle liefert einige Zahlenwerte:

n	fehlerfreie Endprodukte[a]	aussortierte Produkte[a]
1	99	1
10	90	10
20	82	18
50	60	40
100	37	63
200	13	87

[a] auf ganzzahlige Werte gerundet

Trotz einer anscheinend hohen Fehlerfreiheit der einzelnen Prozessschritte müssen bereits ab einer Prozesskette aus 50 Schritten ca. die Hälfte der Produkte verworfen werden! Diese tragen natürlich nicht zum Umsatz, wohl aber zu den Fertigungskosten bei. (Bei der Komplexität moderner Fertigungen ist eine Anzahl von 50 und mehr Einzelprozessschritten durchaus realistisch; in der Mikroelektronik spricht man eher von 500 Prozessschritten.).

Die Konsequenz ist offensichtlich:

Fehlervermeidung ist eine der wichtigsten Grundlagen, um Qualität sicherzustellen und ein positives wirtschaftliches Ergebnis zu erzielen.
Es ist eine „0-Fehler-Strategie" zu verfolgen.

Fehlerarten Fehler bei Fertigprodukten (Endprodukten) werden nach ihrer Bedeutung für Sicherheit und Brauchbarkeit des Produktes eingeteilt:

Kritischer Fehler Fehler, von dem anzunehmen ist, dass er für Personen gefährliche oder unsichere Situationen schafft, oder dass im Schadensfall mit hohen Folgekosten zu rechnen ist (z. B. defekte Bremse im Auto).

Hauptfehler Fehler, der voraussichtlich zu einem Ausfall führt, oder die Brauchbarkeit des Produktes für den vorgesehenen Zweck wesentlich herabsetzt (z. B. defekter Scheibenwischer).

Nebenfehler Fehler, der voraussichtlich die Brauchbarkeit für den vorgesehenen Zweck nicht wesentlich herabsetzt (z. B. Lackfehler am Auto).

Die Fehlerart definiert den Umfang der Endprüfung des Produktes: Die Überprüfung auf kritische Fehler ist praktisch immer eine 100 %-Prüfung, für Haupt- und Nebenfehler greift man aus Kostengründen meist auf Stichprobenprüfungen zurück. Natürlich erhält man durch die Stichprobenprüfung eine reduzierte Aussagesicherheit und benötigt deshalb statistische Verfahren(s. Kap. 7.2).

2.1.4 Qualitätslenkung

Die Qualitätslenkung wurde als einer der Arbeitsbereiche des QM in Kap. 2.1.2 bereits angesprochen: Ein großer Teil der in Kap. 3.1 vorgestellten DIN EN ISO 9001:2008 legt fest, welche Tätigkeiten die Qualitätslenkung beinhalten muss.

Qualitätslenkung: Definition Sie umfasst alle

- vorbeugenden
- überwachenden
- korrigierenden

Tätigkeiten bei der Realisierung des Produktes/der Dienstleistung mit dem Ziel, die Qualitätsanforderungen (die die Qualitätsplanung festgelegt hat) zu erfüllen. **Insbesondere beinhaltet sie neben der Korrektur von Fehlern die Beseitigung von Fehlerursachen.**

Die Qualitätslenkung wirkt auf das Produkt selbst und auf den Fertigungsprozess ein. Hier ergreift die Qualitätslenkung Maßnahmen, um die Streuung der Merkmalswerte

(Prozessparameter) innerhalb vorgegebener Grenzen zu halten. Die Grenzen selbst sind aus den Anforderungen an den Prozess abgeleitet, konforme Produkte zu erzeugen.

Erläuterung: Offensichtlich beinhaltet die Qualitätslenkung einen großen Teil der Prozesse zur Fehlervermeidung und ist damit ein wichtiges Instrument zur Kostensenkung und damit zur Sicherstellung der Wirtschaftlichkeit eines Unternehmens. Hier sitzen Qualitäts- und Kostenverantwortliche „im gleichen Boot".

7M: Einflüsse auf die Streuung von Merkmalswerten Die Streuung von Merkmalswerten (Prozessparameter wie auch Qualitätsmerkmale des Produktes) werden durch die 7M verursacht:

Mensch	Qualifikation, Belastung, Motivation
Maschine	Präzision, Stabilität gegen Umwelteinflüsse wie z. B. Temperatur, Langzeitstabilität (gegen Abnutzung)
Material	Abmessungen, chemische und physikalische Eigenschaften, Langzeitstabilität (gegen Degradation)
Methode	Fertigungsverfahren, Prozessparameter, . . .
Mitwelt	Umwelteinflüsse wie Temperatur, Luftfeuchte, Bodenerschütterungen, Staub und Verunreinigungen
Messung	falsche und ungenaue Messung
Management	Entscheidungen der Unternehmensleitung

Die Qualitätslenkung hat die Aufgabe, diese Einflüsse auf Prozess und Produkt zu ermitteln und möglichst gering zu halten. Sie definiert dazu geeignete Maßnahmen und überprüft kontinuierlich deren Effektivität. Im Folgenden sind die wichtigsten Maßnahmen aufgelistet. (Vergleiche hierzu auch die Forderungen der Norm DIN EN ISO 9001:2008, Kap. 3.1).

Maßnahmen der Qualitätslenkung

Am Fertigungsprozess

- Lieferantenbeurteilung und Lieferantenentwicklung
- Eingangsprüfung
- Risikobewertung und Maßnahmen (insbesondere auch bei Fertigungsänderungen)
- Statistische Prozesskontrolle (SPC, s. Kap. 7.2.4)
- Maßnahmen zur Prozessstabilisierung
- Problemerkennung und Behebung
- vorbeugende Maßnahmen (Wartung)

Am Produkt

- Festlegen und analysieren von Qualitätsprüfungen (s. Kap. 7.2.2)
- Problemerkennung und -Behebung
- Reklamations- und Beschwerdemanagement
- Entscheidung über Lieferung, Sortierung, Nacharbeit oder Verwurf von Produkten

Übergreifend

- Durchführung von internen Audits
- Ständige Verbesserung des QMS
- Förderung von KVP-Aktivitäten im gesamten Unternehmen
- Bereitstellung QM-relevanter Methoden und Verfahren (s. Kap. 7)
- QM-relevante Schulungen und Trainings
- Dokumentenlenkung
- Ermittlung der Qualitätskosten
- Herbeiführung und Aufrechterhaltung von Zertifizierungen

Diese (natürlich nicht vollständige) Liste zeigt deutlich, dass Qualitätslenkung wesentlich mehr ist, als das Durchführen von Prüfungen.

Dennoch stellt die Qualitätsprüfung ein wichtiges Instrument des QM dar.

2.2 Planung des Qualitätsmanagements

Um das Qualitätsmanagementsystem des Unternehmens gestalten zu können, müssen einige grundlegende Entscheidungen getroffen werden. Diese werden im Folgenden besprochen. Entscheidungshilfen werden gegeben.

1. Wie sieht die Qualitätspolitik des Unternehmens aus?
   Dazu müssen Produkt, Markt, Positionierung des Unternehmens und seine Marktstrategie bekannt sein oder erarbeitet werden. Die Qualitätspolitik ist ja Teil der gesamten Firmenpolitik. Insbesondere ist zu entscheiden, ob das Unternehmen sich über die Qualität seiner Produkte von den Mitbewerbern differenzieren will. Ist Qualitätsführerschaft angestrebt? Wenn ja, ist hier eine starke Leitlinie für das Handeln des gesamten Unternehmens geschaffen.
   Es sei darauf hingewiesen, dass die Erarbeitung, Dokumentation und Veröffentlichung der Qualitätspolitik nicht ein „Privileg" der Großindustrie ist. Im Gegenteil: gerade KMUs sollten verstärkt auf Qualität als Differenzierungsmerkmal setzen.

Wie bereits beschrieben, sind die **Acht Grundsätze des Qualitätsmanagements** (s. Kap. 2.1.2) als Gedankengerüst zum Erarbeiten der Qualitätspolitik eine gute Hilfe.

2. Welche sind die übergeordneten Qualitätsziele des Unternehmens?

Unter übergeordneten (= unternehmensweiten) Qualitätszielen versteht man solche, die sich auf alle Produkte des Unternehmens gleichermaßen beziehen und von denen sich die produktspezifischen Qualitätsziele ableiten. Sinnvolle Zielparameter sind

- Anzahl Beanstandungen/Retouren (absolut oder auf die Anzahl verkaufter Produkte bezogen oder in Kosten umgerechnet . . .)
- Liefertreue
- Kosten für Fehler innerhalb des Unternehmens (Ausbeuten, Nacharbeitsquoten, . . .)
- Qualitätskosten (s. Kap. 5.2)

3. Welche Qualitätsstrategie soll im Unternehmen verfolgt werden?

   1. Wird eine 0-Fehler-Strategie konkret als Unternehmensstrategie verankert?
   2. Wird eine KVP-Kultur im Unternehmen verfolgt (s. Kap. 6)?
   3. Soll das QMS den Vorgaben der DIN EN ISO 9001:2008 entsprechend aufgebaut werden (s. Kap. 3.1)? Soll eine entsprechende Zertifizierung erfolgen?
   4. Soll das Unternehmen prozessorientiert geführt werden (s. Kap. 3.3)?
   5. Soll für alle Projekte im Unternehmen die Methodik des Projektmanagements genutzt werden (s. Kap. 6.3)?
   6. Soll für KVP-Aktivitäten der 6-sigma-Ansatz verfolgt werden (s. Kap. 6.1.2)?
   7. Soll das Unternehmen den TQM-Ansatz verfolgen (s. Kap. 3.4)?

Zu diesen grundlegenden Entscheidungen unterstützen die jeweils zitierten Kapitel.

Prinzipiell hängt die Nutzung der aufgeführten Strategien von der Qualitätsreife des Unternehmens ab:

Die Strategien 3.1. und 3.2. sind Grundlagen, mit denen ein Unternehmen bereits sinnvolle Qualitätsarbeit betreiben kann.

Strategie 3.3. ist eine notwendige Erweiterung, wenn ein QMS für das ganze Unternehmen systematisch und erfolgreich eingeführt und betrieben werden soll. Die Notwendigkeit einer damit verbundenen Zertifizierung hängt oft von den Forderungen der Kunden ab. (Insbesondere b2b-Kunden machen oft das Vorhandensein einer Zertifizierung zur notwendigen Voraussetzung einer Geschäftsbeziehung. In solchen Fällen hat natürlich die Strategie 3.3. hohe Priorität).

Die Strategien 3.4. und 3.5. können als Weiterentwicklung des gesamten Unternehmens und damit auch seines QMS verfolgt werden.

Der 6-sigma-Ansatz (Strategie 3.6) ist aufwändig und ressourcenintensiv, aber richtig eingesetzt, sehr erfolgreich. Ich empfehle ihn für Großunternehmen, die bereits ein etabliertes gut funktionierendes QM betreiben.

Der TQM-Ansatz (Strategie 3.7) ist eine ganzheitliche Betrachtung aller Unternehmens-
aktivitäten und daher für Unternehmen mit ausgereiftem QMS geeignet. Dies gilt auch für
KMU!

Grundsatz: Wie offensichtlich wird, ist Planen und Entscheiden der Unternehmens-
leitung zum QM keine einmalige Aufgabe, sondern immer wieder notwendig. Die
Triebfedern der Weiterentwicklung des QMS sind insbesondere die Ergebnisse des
Controllings (Kap. 5) und die Verpflichtung zu KVP (Kap. 6).

Unternehmensleitbild Viele Unternehmen beschreiben ihre gesamte Geschäftstätigkeit
(Produkte, Märkte, technische Ansprüche und Technologieführerschaft, gesellschaftliche
Verpflichtungen, Verpflichtung zu Umweltschutz und nachhaltigem Wirtschaften, usw.)
in einem Unternehmensleitbild. Das Unternehmensleitbild soll allen Beteiligten (Mitarbeitern, Kunden, der Gesellschaft, Aktionären, dem Gesetzgeber) einen Überblick über
Werte und Ziele des Unternehmens verschaffen. Hier sollten auch die Qualitätspolitik und
die Qualitätsstrategie beinhaltet sein.

Aufbau des Qualitätsmanagement-Systems 3

Die in Kap. 2.2 beschlossenen Strategien sind umzusetzen, entsprechende Strukturen, Verfahren und Methoden sind einzuführen. Die wichtigsten dabei zu beachtenden Gesichtspunkte sind in diesem Kapitel beschrieben. Je nach gewählter Strategie sind die bereits in Kap. 2.2 den Strategien zugeordneten Kapitel relevant. Zusätzlich enthält dieser Teil die wichtigsten Konzepte der Kundenorientierung (Kap. 3.2), da Kundenorientierung offensichtlich die wichtigste Grundlage der Qualitätskultur, damit des QMS und damit „Chefsache" ist.

3.1 Die Normenreihe DIN EN ISO 9000 ff

Normen zum QMS formulieren umfassende Anforderungen an ein QMS. (Definition Norm: Regelung zum Vereinheitlichen materieller und immaterieller Gegenstände; Normen dienen der Standardisierung).

Mit der Erfüllung der in der Norm formulierten Anforderungen zeigt die Organisation, dass ihr QMS sie befähigt:

- Produkte herzustellen, die die Anforderungen der Kunden erfüllen (Kunden im erweiterten Sinne einschließlich Gesetzgeber, Gesellschaft, Partner…), sowie
- kontinuierlich die Kundenzufriedenheit zu erhöhen.

QMS werden auf der Basis von Qualitätsnormen durch externe unabhängige Einrichtungen überprüft und zertifiziert.

Die Normenreihe **DIN EN ISO 9000 ff.** ist **das** zentrale, weltweit anerkannte und verwendete Normenwerk im Bereich des QM. Mittlerweile sind weltweit über eine Million Unternehmen nach DIN EN ISO 9000 ff. zertifiziert.

E. Müller, *Qualitätsmanagement für Unternehmer und Führungskräfte*,
DOI 10.1007/978-3-642-41002-4_3, © Springer-Verlag Berlin Heidelberg 2014

Bezeichnung von Normen: DIN: die Norm ist in Deutschland vom Deutschen Institut für Normung anerkannt

EN: Europäische Norm

ISO: die Norm ist von der International Organisation of Standardisation international anerkannt.

3.1.1 Überblick der Normreihe DIN EN ISO 9000 ff

Die Normenreihe DIN EN ISO 9000 ff. ist in folgende Normen aufgegliedert:

- *DIN EN ISO 9000:2005*

Sie enthält Grundlagen des QMS (wie in Kap. 2.1 dargestellt) sowie

Begriffsdefinitionen, auf die in den weiteren Mitgliedern der Normenreihe zurückgegriffen wird.

- *DIN EN ISO 9001:2008*

Sie beschreibt detailliert die Anforderungen an ein QMS und wird in Kap. 3.1.2 genauer behandelt.

- *DIN EN ISO 9004:2000*

Sie ist ein „Leitfaden" zur Leistungsverbesserung. Sie dient der Unterstützung der Organisation, ihre Prozesse permanent zu verbessern, beschäftigt sich also im Wesentlichen mit KVP.

Sie betrachtet sowohl Wirksamkeit, als auch wirtschaftliche Aspekte des QM-Systems.

Sie enthält Hinweise und Anregungen zur Entwicklung eines Unternehmens in Richtung Total Quality Management (TQM) nach dem EFQM-Modell (s. Kap. 3.4).

Sie dient nicht als Basis der Zertifizierung einer Organisation.

- *DIN EN ISO 19011:2000*

Sie stellt eine Anleitung zum Auditieren von QMS dar.

Grundsatz: Die **Ausgestaltung/Realisierung** der Anforderungen ist individuell unterschiedlich je nach Produkt, Anwendung, Kunden, Marktumfeld.

So fordert die DIN EN ISO 9001:2008 in Abschn. 5.4.1: „Qualitätsziele sind festzulegen". Sie legt jedoch nicht fest, welche Ziele festzulegen sind und legt auch nicht die Zielhöhen fest (vgl.Kap. 2.2, Qualitätsziele).

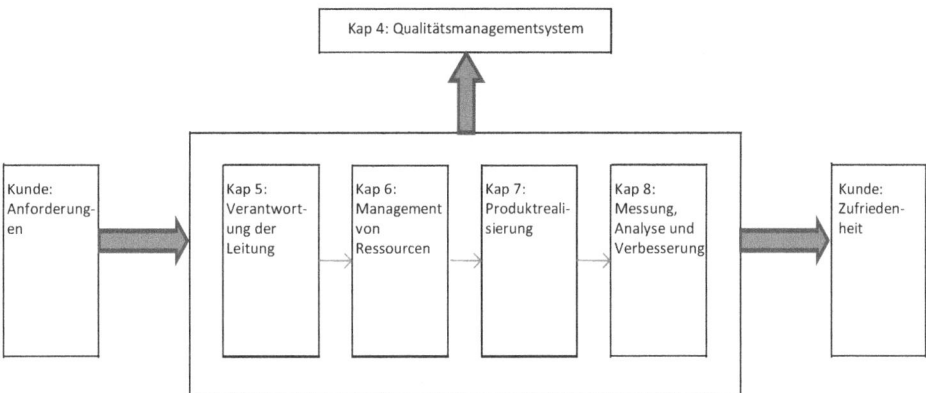

Abb. 3.1 Prozessmodell ISO 9001:2008

3.1.2   DIN EN ISO 9001:2008

Die DIN EN ISO 9001:2008 gliedert sich in acht Teilabschnitte, die im Folgenden genauer beschrieben werden. Zum besseren Verständnis sind jeweils Erläuterungen und Realisierungsbeispiele beigegeben. Verweise innerhalb der Norm werden mit „Abschnitt" oder „Normabschnitt" bezeichnet, Verweise auf „Kapitel" beziehen sich auf das vorliegende Buch.

Die Version 9001:2008 unterscheidet sich von der Vorgängerversion durch eine starke Betonung des prozessorientierten Ansatzes des QMS (siehe dazu

Kap. 3.3). Die Normabschnitte der ISO 9001:2008 sind identisch mit den hintereinander ablaufenden Teilprozessen (Tätigkeiten) des QM-Prozesses, der dafür sorgt, dass die Anforderungen des Kunden erfüllt werden, und der letztendlich zur Kundenzufriedenheit führt. Die Rückkopplung der Ergebnisse der Teilprozesse sorgt für die permanente Verbesserung des QMS, d. h. des QM-Prozesses:

Abbildung 3.1 zeigt das Prozessmodell der DIN EN ISO 9001:2008.

Übersicht:

1. Anwendungsbereich
2. Verweisungen auf andere Normen
3. Begriffe
4. Qualitätsmanagementsystem
5. Verantwortung der Leitung
6. Management von Ressourcen
7. Produktrealisierung
8. Messung, Analyse und Verbesserung

1. Anwendungsbereich *1.1 Allgemeines*
Verweise auf Unternehmenszweck, Branche, QM-Politik, Unternehmensleitbild...
1.2 Anwendung
Beschreibung und Auflistung der Produkte, Standorte, Organisationsteile, für die das QMS gilt; Ausnahmen sind explizit auszuweisen.

2. Verweisungen auf (andere) Normen DIN EN ISO 9000-Serie, Normen zur Produktrealisierung, Produktprüfung etc.

3. Begriffe Auflistung und Erklärung der verwendeten Begriffe

4. Qualitätsmanagementsystem Struktur und Inhalte des QM-Systems, seiner Dokumentation, Anwendung, Überwachung und permanenten Verbesserung sind anhand der Prozesse des Unternehmens darzulegen.

4.1 Allgemeine Anforderungen Das QMS einer Organisation erfordert das Festlegen und Beschreiben aller Prozesse der Organisation entsprechend einem definierten Prozessmodell und ihrer Wechselwirkung untereinander (Prozessmodell und Prozesslandschaft der Organisation, s. Kap. 3.3). Ein funktionierendes Prozessmanagement ist notwendig zum Lenken, Leiten, Betreiben und ständigen Verbessern dieser Prozesse. Dies beinhaltet auch die Bereitstellung von benötigten Ressourcen und Informationen. Neben der Wirksamkeit (Effektivität) des QMS werden auch wirtschaftliche Kriterien (Effizienz) überwacht und ständig verbessert.

4.2 Dokumentationsanforderungen 4.2.1 Allgemeines
Die Gesamtdokumentation der Organisation muss vorhanden sein (Qualitätspolitik und Qualitätsziele, QM-Handbuch, Prozessbeschreibungen, Verfahrens- und Arbeitsanweisungen, Aufzeichnungen).
Insbesondere fordert die Norm explizit die Dokumentation folgender Verfahren:

- Lenkung von Dokumenten (Normabschnitt 4.2.3)
- Lenkung von Aufzeichnungen (Normabschnitt 4.2.4)
- Durchführung von internen Audits (Normabschnitt 8.2.2)
- Lenkung fehlerhafter Produkte (Normabschnitt 8.3)
- Korrekturmaßnahmen (Normabschnitt (8.5.2)
- Vorbeugungsmaßnahmen (Normabschnitt 8.5.3)

Darüber hinaus schreibt die Norm folgende Aufzeichnungen und deren Pflege vor:

- Managementbewertungen (Normabschnitt 5.6.1)
- Ausbildung, Schulung, Fertigkeiten und Erfahrung (Normabschnitt 6.2.2)

- Erforderliche Aufzeichnungen für den Nachweis der Konformität der Realisierungs-prozesse und der daraus resultierenden Produkte mit den Forderungen (Normabschnitt 7.1)
- Ergebnisse der Bewertung der Forderungen in Bezug auf das Produkt sowie Folgemaß-nahmen (Normabschnitt 7.2.2)
- Produktbezogene Inputs an die Entwicklung (Normabschnitt 7.3.2)
- Ergebnisse der Bewertung der Entwicklung sowie notwendige Maßnahmen (Normab-schnitt 7.3.4)
- Ergebnisse der Entwicklungsverifizierung sowie notwendige Maßnahmen (Normab-schnitt 7.3.5)
- Ergebnisse der Entwicklungsvalidierung sowie notwendige Maßnahmen (Normab-schnitt 7.3.6)
- Entwicklungsänderungen sowie auch die Ergebnisse der Bewertung von Entwicklungs-änderungen und notwendige Maßnahmen (Normabschnitt 7.3.7)
- Ergebnisse der Lieferantenbeurteilung sowie notwendige Maßnahmen (Normabschnitt 7.4.1)
- Falls vom Unternehmen benötigt, Aufzeichnungen über Prozessvalidierungen (Nor-mabschnitt 7.5.2)
- Wenn die Rückverfolgbarkeit gefordert wird, die eindeutige Kennzeichnung des Produkts (Normabschnitt 7.5.3)
- Verlust, Beschädigung oder Unbrauchbarkeit von Kundeneigentum, falls zutreffend (Normabschnitt 7.5.4)
- Die Grundlage der Kalibrierung bzw. Verifizierung von Messmitteln, falls es keine internationalen bzw. nationalen Messnormale gibt (Normabschnitt 7.6)
- Gültigkeit von früheren Messergebnissen, wo ein Messmittel die Forderung nicht erfüllt (Normabschnitt 7.6)
- Ergebnisse von Kalibrierungen bzw. Verifizierungen (Normabschnitt 7.6)
- Ergebnisse der internen Audits, wie im dokumentierten Verfahren festgelegt (Normab-schnitt 8.2.2)
- Nachweis der Konformität der Produkte mit den Abnahmekriterien (Normabschnitt 8.2.4)
- Arten von Fehlern und ergriffenen Folgemaßnahmen einschließlich erhaltener Sonder-freigaben (Normabschnitt 8.3)
- Ergebnisse der ergriffenen Korrekturmaßnahmen, wie im dokumentierten Verfahren festgelegt (Normabschnitt 8.5.2)
- Ergebnisse der ergriffenen Vorbeugemaßnahmen, wie im dokumentierten Verfahren festgelegt (Normabschnitt 8.5.3)

4.2.2 Qualitätsmanagement-Handbuch Das Qualitätsmanagementhandbuch ist zu erstel-len und zu pflegen: Es dient als Beschreibung des QM-Systems und beinhaltet alle notwendigen Prozesse (ins-besondere die von der Norm explizit geforderten; siehe Normabschnitt 4.2.1), Verfahrens- und Arbeitsanweisungen oder verweist auf diese.

Die Wechselwirkungen der beschriebenen Prozesse sind darzustellen (s. Kap. 3). Der Anwendungsbereich des QMS ist festzulegen; Ausnahmen sind zu begründen.

4.2.3 Lenkung von Dokumenten Es ist zu beschreiben, wie Dokumente erstellt, freigegeben, versioniert, revisioniert, archiviert und zurückgezogen werden. Dies beinhaltet Verantwortungen für Überprüfung und Freigabe, Gültigkeitsdauer, den Prozess zur Änderung von Dokumenten und/oder außer Kraftsetzung.

Es ist zu beschreiben, wie Dokumente publiziert und zugänglich gemacht werden und wie ihre Anwendung sichergestellt wird. Insbesondere sind Verteiler für die Dokumente festzulegen und aktuell zu halten.

4.2.4 Lenkung von Qualitätsaufzeichnungen Es ist festzulegen, welche Aufzeichnungen in welcher Form wie lange zu archivieren sind. Leichte Zugänglichkeit und Vernichtung nach Ende der Aufbewahrungsfrist (dabei sind die Anforderungen des Gesetzgebers und des Kunden zu beachten) sind sicherzustellen.

5 Verantwortung der Leitung Qualitätsmanagement ist Aufgabe der Unternehmensleitung. Sie hat dafür zu sorgen, dass ein funktionierendes QMS einschließlich der benötigten Ressourcen und organisatorischen Strukturen aufgebaut und ständig verbessert wird. Nur so kann sichergestellt werden, dass Kundenorientierung und Erfüllung der Anforderungen des Kunden den Unternehmenserfolg sicherstellen. Der Normabschnitt 5 beschäftigt sich also mit denselben Themen wie dieses Buch.

5.1 Selbstverpflichtung der Leitung Die Leitung sorgt aktiv (auch im Sinne einer Vorbildfunktion) dafür, dass:

- ein QM-System installiert, aufrechterhalten und permanent verbessert wird.
- die benötigten Ressourcen bereitgestellt werden.
- die Kommunikation von Kundenerwartungen und gesetzlichen Auflagen, Vorschriften und Erwartungen der Gesellschaft ausreichend und zeitnah stattfindet.

Sie legt das Leitbild des Unternehmens, Qualitätspolitik und Qualitätsziele fest. Sie überzeugt sich anhand von Managementreviews von der Fähigkeit des QMS.

5.2 Kundenorientierung Die Leitung stellt sicher, dass die Kundenerwartungen ermittelt und erfüllt werden, um die Kundenzufriedenheit kontinuierlich zu erhöhen (siehe auch Kano-Modell). Marktanalyse, Benchmarking, Kundenzufriedenheitsanalysen, Verkaufsanalysen, Beschwerdestatistiken, Audit-Ergebnisse etc. müssen zu gezielter Verbesserung von Prozessen, Produkten und Dienstleistungen führen.

5.3 Qualitätspolitik Aussagen zur Qualität sind integrale Bestandteile der Unternehmenspolitik und dort zu formulieren (ggf. auch im Leitbild des Unternehmens). Sie beinhalten die Verpflichtung zu Kundenorientierung und KVP, den Rahmen für Qualitätsziele und deren Bewertung, sowie die Kommunikation in der Organisation.

5.4 Planung *5.4.1 Qualitätsziele*
Qualitätsziele werden auf allen Ebenen der Organisation festgelegt und ihre Erreichung wird überwacht: Qualitätsziele sind kongruent zu den Unternehmenszielen, bzw. Teil davon.

5.4.2 Planung des Qualitätsmanagementsystems Planung und Einführung eines QMS, so dass es die Anforderungen dieser Norm erfüllt. Insbesondere sind der prozessorientierte Aufbau des QMS und die Definition geeigneter Controlling-Methoden (Reviews, Reports, Scorecards...) zu beachten.

5.5 Verantwortung, Befugnis und Kommunikation *5.5.1 Verantwortung und Befugnis*
Verantwortungen und Befugnisse sind klar zu definieren (Organigramme, Arbeitsplatzbeschreibungen etc.) und müssen kommuniziert sein.
5.5.2 Beauftragter der obersten Leitung
Die Leitung bestellt eines Ihrer Mitglieder zum Verantwortlichen für Einführung, Aufrechterhaltung und ständige Verbesserung des QMS der Organisation, sowie stetige Förderung der Kundenorientierung.
5.5.3 Interne Kommunikation
Die Leitung etabliert geeignete Kommunikationsstrukturen und –Methoden, um die Wirksamkeit des QMS, sowie die Zufriedenheit der Kunden allen Mitarbeitern vollständig, regelmäßig und zeitnah kommunizieren zu können (Mitarbeiterversammlungen, Intranet, Firmenzeitschrift...).

5.6 Managementbewertung *5.6.1 Allgemeines*
Die oberste Leitung überzeugt sich in regelmäßigen Zeitabständen, ob das QMS angemessen, geeignet und wirksam ist. Sie leitet bei Bedarf Maßnahmen ein und sorgt für kontinuierliche Verbesserung des QMS.
5.6.2 Eingaben für die Bewertung
Bewertungsgrundlagen für die Managementbewertung sind Audit-Ergebnisse, Kundenrückmeldungen, Prozess-und Produktergebnisse, Ergebnisse zurückliegender Managementbewertungen und Maßnahmenstatus, Änderungen rechtlicher Grundlagen, Grad der Erreichung der Qualitätsziele, Status von Korrektur- und Verbesserungsmaßnahmen, Qualitätskosten, ...
5.6.3 Ergebnisse der Bewertung
Aus den Eingaben (5.6.2) und Soll-Ist Vergleichen sind Maßnahmen zur Verbesserung des QMS abzuleiten. Dadurch werden nicht nur das QMS selbst, sondern auch Produkte und Prozesse des Unternehmens verbessert, wodurch letztendlich die Zufriedenheit des Kunden sichergestellt wird. Die Einleitung von Maßnahmen beinhaltet die Bewilligung der dafür benötigten Ressourcen.

6 Management von Ressourcen *6.1 Bereitstellung von Ressourcen*

Der Bedarf an Ressourcen zur Einführung, Aufrechterhaltung und ständigen Verbesserung aller Prozesse der Organisation (einschl. des QMS selbst)) wird ermittelt und die Ressourcen werden rechtzeitig bereitgestellt.

6.2 Personelle Ressourcen 6.2.1 Allgemeines

Mitarbeiter, deren Tätigkeit Einfluss auf Produkt- und Prozessqualität und damit auf die Kundenzufriedenheit hat, sind regelmäßig zu schulen und weiterzubilden. Aufzeichnungen darüber sind zu führen.

Kommentar: Da jeder Mitarbeiter an der Qualität beteiligt ist, ist obige Einschränkung überflüssig; auch Mitarbeiter des Managements und der obersten Leitung sind hiervon nicht ausgenommen!

6.2.2 Kompetenz, Schulung und Bewusstsein Der Schulungsbedarf ist regelmäßig (z. B. jährlich) festzustellen, Schulungen und Weiterbildungsmaßnahmen sind zu planen und durchzuführen. Ihre Wirksamkeit ist zu überprüfen. Über die durchgeführten Schulungsmaßnahmen sind Nachweise zu führen.

Schulung beinhaltet nicht nur die für die Tätigkeiten notwendigen Wissensinhalte, sondern insbesondere auch die Steigerung des Qualitätsbewusstseins. (Daneben sind betriebswirtschaftliche Kenntnisse zu vermitteln.)

6.3 Infrastruktur Die Infrastruktur beinhaltet Gebäude, Versorgungseinrichtungen, Software, Transport- und Kommunikationssysteme, Fertigungsanlagen, Lagerflächen; der Bedarf an Infrastruktur ist regelmäßig zu ermitteln, die Infrastruktur ist bereitzustellen und aufrecht zu erhalten (präventive Wartungsmaßnahmen); Notfallpläne sind zu erstellen, um bei Ausfall/Unterbrechungen schnellstmöglich reagieren zu können (Liefersicherheit).

6.4 Arbeitsumgebung Die Bedingungen, unter denen die Tätigkeiten durchgeführt werden, sind zu definieren und einzuhalten. Dies beinhaltet Sicherheits- und Umweltschutzanforderungen, Gesundheitsanforderungen und Ergonomie, Staubfreiheitsklassen, Temperatur, Luftfeuchte, EMV-Anforderungen (Elektro- Magnetische Verträglichkeit) von Fertigungsbereichen,...; Eine regelmäßige Überprüfung mit Aufzeichnungen der Ergebnisse ist erforderlich; bei Abweichungen sind Maßnahmen zu ergreifen.

7 Produktrealisierung *7.1 Planung der Produktrealisierung*

Die zur Produktrealisierung benötigten Geschäftsprozesse werden definiert und implementiert (Produktentwicklungsprozess, Produktqualifikation, Monitoren der Fertigungsprozesse, Monitoren der Messmittelfähigkeit, Änderungswesen etc). Die benötigten Ressourcen werden bereitgestellt. Die Schnittstellen zwischen den Prozessen sind zu identifizieren. Prozess- und Produktzielvorgaben sind festzulegen. Methoden des Projektmanagements sind bereitzustellen, soweit benötigt.

7.2 Kundenbezogene Prozesse   7.2.1 Ermittlung der Anforderungen in Bezug auf das Produkt
Dies beinhaltet die Ermittlung der Kundenanforderungen an das Produkt einschließ-
lich der Gebrauchsphase (Service, Gewährleistung, Garantie) und Nachgebrauchsphase
(Wiederverwertung, Entsorgung); die Ermittlung der Anforderungen des Gesetzgebers
(Umwelt, Sicherheit) und der Gesellschaft. Die Kundenanforderungen werden in einem
Lastenheft zusammengefasst.

7.2.2 Bewertung der Anforderungen in Bezug auf das Produkt Es muss sichergestellt
werden, dass die Organisation die Kundenanforderungen erfüllen kann und will
(Risikoanalysen):

- Bewertung der Machbarkeit des Produktes (technisch); ggf. Nachverhandlungen mit
  dem Kunden;
- Bewertung der wirtschaftlichen Sinnhaftigkeit des Produktes (erwarteter Marktanteil,
  Preis-Kosten-Verhältnis);
- Entscheidung für/gegen die Produktrealisierung;

Kundenanforderungen (Lastenheft) müssen stets aktuell und für alle beteiligten Parteien
verfügbar sein!

7.2.3 Kommunikation mit dem Kunden Die Kommunikationsstrukturen, Methoden und
Ansprechpartner für den Informationsaustausch mit dem Kunden müssen festgelegt und
etabliert werden (bei Geschäftskunden z. B. durch Einführung eines EDI-Systems (EDI:
Electronic Data Information)).
Auch Endverbraucher sind hierbei zu berücksichtigen (z. B. durch regelmäßige
Produktinformationen über Printmedien und Internet).

7.3 Entwicklung   7.3.1 Entwicklungsplanung
Entwicklungsvorhaben müssen geplant und gelenkt werden: dies beinhaltet das Festle-
gen des Gesamtzeitplanes, von Meilensteinen und damit verbundenen Teilzielen, der Ver-
antwortungen, Teamzusammensetzung, Controlling- und Kommunikationsstrukturen,
Bereitstellen der benötigten Ressourcen.
(Dieser Teilabschnitt der Norm beschreibt in Kurzform die Anforderungen an das
Projektmanagement; diesem ist Kap. 6.3 gewidmet.)

7.3.2 Entwicklungseingaben Anforderungen an das Produkt (Kundenanforderungen, gesetzliche Anforderungen, interne Qualitätsziele, interne Vorgaben wie Produktionskosten
und Ausbeuten) müssen in die Produktspezifikation übersetzt werden („vom Lastenheft
zum Pflichtenheft"); davon abgeleitet, werden Anforderungen an Prozesse, Fertigungsanlagen und Fertigungsumgebung definiert. Der Qualifikationsplan definiert die Anforderungen, deren Erfüllung im Rahmen der Entwicklungsvalidierung nachzuweisen ist.

7.3.3 Entwicklungsergebnisse Daten aus den Phasen der Produktentwicklung werden so bereitgestellt und aufbereitet, dass die Zielerreichung laufend kontrolliert werden kann.

7.3.4 Entwicklungsbewertung Review des Status des Entwicklungsprojektes anhand der Entwicklungsergebnisse an im Projektplan definierten Checkpunkten (Meilensteinen); Überprüfung der Erreichung der vorgegebenen Teilziele, Identifikation von Problemen und Maßnahmen.

7.3.5 Entwicklungsverifizierung Bewertung der Realisierung der Qualitätsmerkmale des Produktes, der Teilprodukte und Prozesse; oft erfolgt die Verifizierung anhand von Prototypen, Mustern und Versuchsproduktion.

7.3.6 Entwicklungsvalidierung Die Entwicklungsvalidierung bewertet die Konformität des Produktes und führt zur Freigabe des Produktes für Fertigung und Lieferung: Es wird nachgewiesen, dass alle Anforderungen an das Produkt (Lastenheft) erfüllt werden. Insbesondere erfolgt der Nachweis, dass das Produkt für den vom Kunden definierten Einsatz geeignet ist. Dies gilt auch für die im Qualifikationsplan definierten Kriterien einschließlich der spezifizierten Ergebnisse zur Produktzuverlässigkeit. Oft erfolgt beim Kunden eine zusätzliche Qualifikation des Produktes (Felderprobung).

7.3.7 Lenkung von Entwicklungsänderungen Ein Änderungsmanagement-Prozess zur Risikobewertung, Verifizierung, Validierung und Dokumentation notwendiger Änderungen ist zu betreiben. Dies gilt auch für nachträgliche Änderungen nach Lieferbeginn (Nachentwicklungen). Oft sind Änderungen mit dem Kunden abzustimmen.

7.4 Beschaffung 7.4.1 Beschaffungsprozess
Das Unternehmen stellt sicher, dass beschaffte Produkte und Materialien den Anforderungen entsprechen: Lieferantenauswahl, Lieferantenbewertung anhand definierter Kennzahlen (z. B. Liefertreue, Fehlerquoten, Service . . .), Lieferantenertüchtigung (Ziel: zertifizierter Lieferant), Auditierung von Lieferanten, Freigabe-Prozess für beschaffte Produkte und Materialien, Qualitätssicherungsvereinbarungen, ship-to-stock-Vereinbarungen, Behandlung von vom Kunden beigestellten (Teil)-Produkten.

7.4.2 Beschaffungsangaben Die Anforderungen an das zu beschaffende Produkt/Material müssen klar definiert und vom Lieferanten verstanden und akzeptiert sein. Darüber hinaus werden Anforderungen an das QMS, die Prozesse und Personalqualifikation des Lieferanten gestellt. So fordert die Automobilindustrie von ihren Zulieferern die Zertifizierung nach DIN EN ISO9001.

7.4.3 Verifizierung von beschafften Produkten Dies beinhaltet die Freigabeprozeduren für neue Materialien/Produkte, die Definition von Eingangsprüfungen (Inhalt und Umfang) und deren Installation, Überwachung der Prozesse des Kunden durch von ihm bereitgestellte Prozessdaten, mit den Produkten gelieferte Zertifikate (CoC: Certificate of Compliance), regelmäßige Lieferantenbewertung und Audits, Monitoren der Zuverlässigkeit der beschafften Produkte anhand des Zuverlässigkeitsmonitorings der eigenen Produkte.

7.5 Produktion und Dienstleistungserbringung 7.5.1 Lenkung der Produktion und der Dienstleistungserbringung
Die Fertigungsbedingungen müssen so beschaffen sein, dass die Anforderungen an das gefertigte Produkt erfüllt werden können (Konformität): Dies beinhaltet die Spezifikationen von Prozessergebnissen, die aus den Produktspezifikationen abgeleitet sind, deren Überwachung und Maßnahmen bei Abweichung, Lieferentscheidung, Tätigkeiten nach der Lieferung, Arbeitsanweisungen, Gebrauch und Instandhaltung von Produktionsanlagen und Infrastruktur, Verfügbarkeit und Gebrauch von Prüfmitteln, Produktionsplanung, Schulung und Weiterbildung der beteiligten Mitarbeiter.

7.5.2 Validierung der Prozesse zur Produktion und Dienstleistungserbringung Das Unternehmen demonstriert die Eignung der Prozesse, konforme Produkte zu erzeugen. Dies geschieht durch geeignete Freigabeprozesse für Verfahren, Maschinen und Personal, sowie durch regelmäßige Reviews und Revalidierungen, Risikobewertungen (z. B. durch FMEA: Fehler Möglichkeiten Einfluss Analyse) unter Einsatz statistischer Methoden (z. B. SPC: Statistische Prozess Kontrolle). Eine wichtige Kenngröße zur Beschreibung der Prozesskonformität ist der Prozessfähigkeitsindex (s. Kap. 7.2.3).

7.5.3 Kennzeichnung und Rückverfolgbarkeit Zur Vermeidung des Gebrauches fehlerhafter Produkte und zur Rückverfolgbarkeit im Fehlerfall benötigt man eine eindeutige Produkt-Kennzeichnung und „Traceability", d. h. Zuordnung zu Entwicklungsstatus (Version) des Produktes, Produktionsprozess, Produktionsanlagen, Fertigungsdaten und sonstigen produktbegleitenden Daten. Die Realisierung erfolgt durch Laufzettel/Logbuch und Fertigungskennzahlen-Datenbanken. Das Produkt selbst ist durch ein Benummerungssystem eindeutig identifizierbar zu machen.

7.5.4 Eigentum des Kunden Eigentum des Kunden (beigestellte Produkte, geistiges Eigentum) ist gegen Verlust, Missbrauch, Beschädigung zu schützen. Bei Verlust, Missbrauch und Beschädigung ist der Kunde zu informieren. Bei der Übernahme des Produktes ist eine geeignete Eingangsprüfung durchzuführen.

7.5.5 Produkterhaltung Die Erhaltung der Produktkonformität während Lagerung, Verpackung und Transport ist sicherzustellen. Die Organisation trägt die Verantwortung für die Konformität des Produktes bis zur Übergabe an den Kunden: Dies umfasst Lagermanagement, insbesondere Wiederauffindbarkeit, Definition und Überwachung eines Mindesthaltbarkeitsdatums (MHD), Anwendung des „First in First out" Prinzips („FiFo"), Definition geeigneter Verpackungen und Verpackungs- Materialien und geeigneter Lager- und Transportbedingungen.

7.6 Lenkung von Überwachungs- und Messmitteln Dies umfasst Auswahl und Betreiben von Messmitteln, die geeignet sind, Produkt- und Prozesskonformität nachzuweisen: Kalibrierung, Überprüfung der Messmittelfähigkeit (Measurement System Analysis Kap. 7.2.5), Rückverfolgung und Behandlung von Produkten, die mit nicht geeigneten Messmitteln geprüft wurden, Spezifikation von Anforderungen an externe Labors und Prüfinstitute.

8 Messung, Analyse und Verbesserung *8.1 Allgemeines*
Das Unternehmen plant und betreibt Überwachung, Messungen, Analyse und Verbesserungsmaßnahmen, um die Konformität seiner Produkte sicherzustellen und kontinuierlich zu verbessern. Dabei kommen oft statistische Methoden zum Einsatz. Gegenstand der kontinuierlichen Verbesserung (s. Kap. 6) sind die Produkte und alle Prozesse des Unternehmens, insbesondere auch das QMS.

8.2 Überwachung und Messung Das Unternehmen misst und überwacht Produkt- und Prozessqualität, führt interne Audits durch und misst die Kundenzufriedenheit.

8.2.1 Kundenzufriedenheit Das Unternehmen entwickelt und betreibt Prozesse zur Messung der Kundenzufriedenheit und nutzt die Ergebnisse als Grundlage für Verbesserungsmaßnahmen an Produkten, Prozessen und seinem QMS: Kundenbefragungen, Kundenbesuche, Anzahl Beschwerden, Anzahl fehlerhafter Produkte, Kundenbindung, Marktanteil . . . (s. Kap. 5.4).

8.2.2 Internes Audit Das Unternehmen hat sich in regelmäßigen Abständen davon zu überzeugen, dass die geplanten QM-Aktivitäten durchgeführt werden und dass das QMS wirksam ist, d. h. für die Konformität der Produkte und Prozesse sorgt. Audits sind gemäß einem festgelegten Zeitplan durchzuführen und müssen alle Bereiche des Unternehmens abdecken. Ein kompletter Audit-Zyklus sollte innerhalb eines Rezertifizierungszyklus stattfinden. Die Ergebnisse sind zu dokumentieren und die Umsetzung abgeleiteter Maßnahmen ist zu verfolgen.

Grundsatz: Da interne Audits alle Abläufe im Unternehmen beleuchten, sind sie auch hervorragend geeignet, die Effizienz der Verfahren und Prozesse zu bewerten und so Kostensenkungspotentiale aufzuzeigen.

8.2.3 Überwachung und Messung von Prozessen Das Unternehmen definiert geeignete Prozesskennwerte zur Überprüfung der Konformität der Prozesse. Aus den Ergebnissen werden Korrekturmaßnahmen abgeleitet. Neben der Nutzung statistischer Methoden wie SPC (s. Kap. 7.2.4) kommen Prozessaudits zum Einsatz.

8.2.4 Überwachung und Messung des Produkts Das Unternehmen definiert geeignete Zwischen- und Endprüfungen zur Sicherstellung der Konformität des Produktes: dies umfasst Monitoring der Produkteigenschaften entlang der Prozesskette, d. h. in unterschiedlichen Anarbeitungsgraden, Ausgangsprüfung, Sonderfreigaben, Maßnahmen bei Abweichungen, Zuverlässigkeitsmonitoring.

Grundsatz: Prüfungen am Produkt geben Aufschluss über Fehlerverteilungen und deren Häufigkeiten. Sie sind Grundlage der Ausbeuteverbesserung und damit Basis eines wichtigen Faktors zur Kostenreduzierung.

8.3 Lenkung fehlerhafter Produkte Das Unternehmen definiert Prozesse zur Identifikation, Kennzeichnung, Lagerung und Disposition (Sonderfreigabe, Nacharbeit, Verwurf) fehlerhafter Produkte. Es ist sicherzustellen, dass fehlerhafte Produkte nicht zum Einsatz kommen (Sperren, Rückholen). Falls notwendig, muss der Kunde informiert werden. Oft wird die Disposition fehlerhafter Produkte mit dem Kunden abgestimmt. Maßnahmen zur nachhaltigen Beseitigung der Fehlerursachen sind durchzuführen (Acht-Schritte-Methode, s. Kap. 7.1.4).

8.4 Datenanalyse Geeignete Daten zur Kundenzufriedenheit, zur Einhaltung von Forderungen, Produkt- und Prozessdaten, Vergleiche mit den internen Zielen des Unternehmens sind zu erfassen und statistisch aufzubereiten. Die Ergebnisse der Analysen werden dem Unternehmen, insbesondere auch dem Management in geeigneter Form zugänglich gemacht. Sie dienen als Grundlage der ständigen Verbesserungsaktivitäten des Unternehmens sowie abzuleitender Korrektur- und Vorbeugemaßnahmen.

8.5 Verbesserung 8.5.1 Ständige Verbesserung
Die kontinuierliche Verbesserung des QMS, der Produkte und der Prozesse erfolgt auf der Basis der Datenanalyse. Der Aspekt der Kontinuität ist durch geeignete Prozesse (s. Kap. 6) und Strukturen sicherzustellen. QM-Methoden und Werkzeuge kommen zum Einsatz (s. Kap. 7).

8.5.2 Korrekturmaßnahmen Gegen erkannte Fehler sind Maßnahmen zu ergreifen, die ein Wiederauftreten nachhaltig verhindern. Ein Prozess zur Beseitigung von Fehlerursachen ist als Teil des QMS zu erstellen.

8.5.3 Vorbeugemaßnahmen Potentielle Fehler und deren Ursachen sind zu identifizieren und vorbeugend zu eliminieren. Hier kommt insbesondere die FMEA (s. Kap. 7.3.3) zum Einsatz.

3.2 Kundenorientierung

Aus Sicht der Unternehmensleitung und der Führungskräfte sind die Interaktionen mit dem Kunden von herausragender Bedeutung und damit auch ein essentieller Teil des QMS. Die Ermittlung und Umsetzung der Anforderungen des Kunden (= Qualität) sind (s. Kap. 1.1) Grundlagen für das Bestehen des Unternehmens am Markt.

Erläuterung: Die Ermittlung der Kundenzufriedenheit ist natürlich ebenfalls ein wichtiger Grundbaustein der Unternehmenstätigkeit. Aus Gründen der Systematik, die in Kap. 1 dargelegt wurde, ist die Ermittlung der Kundenzufriedenheit als Teil des Controlling in Kap. 5.4 und Kap. 5.5 beschrieben. Methoden der Marktforschung werden sowohl zur Ermittlung der Kundenanforderungen als auch zur Ermittlung der Kundenzufriedenheit benötigt und in Kap. 3.2.1 und Kap. 5.4 beschrieben.

3.2.1 Kundenanforderungen ermitteln und umsetzen

In diesem Kapitel wird vorgestellt, wie aus den Anforderungen des Kunden an Produkte und Dienstleistungen die entsprechenden Produkte und Dienstleistungen entstehen („Vom Lastenheft zum Pflichtenheft"). Die dazu benötigten Verfahren des Projektmanagements sind Gegenstand des Kap. 6.3.

3.2.1.1 Kundenanforderungen ermitteln

Die Ermittlung der Kundenanforderung ist Teil der Qualitätsplanung. Sie ist die Basis für den Erfolg eines Produktes im Markt. Nur wenn ein Unternehmen die Anforderungen des Kunden erkannt hat, ist es in der Lage, die „richtigen" Produkte herzustellen. Zur Ermittlung ist es hilfreich, Anforderungen des Kunden in Kategorien der Produktqualität zu unterteilen, um eine systematische Umsetzung in Produkteigenschaften und Qualitätsmerkmale zu erleichtern:

Kategorien der Produktqualität (nach: Pfeifer T (1993) Qualitätsmanagement. Carl Hanser Verlag, 1993)
   Kursiv: Beispiele zur Erläuterung.

- Gebrauchsnutzen: zentrale Funktionsmerkmale des Produktes *(Telefonierfunktion eines Mobiltelefons)*
- Ausstattung:
  – Zusatznutzen, oft Begeisterungsmerkmale nach Kano *(Internetfähigkeit eines Mobiltelefons)*
- Zuverlässigkeit :
  – Störanfälligkeit des Produktes; charakteristische Größe ist hier die Zeitspanne zwischen Störfällen: MTBF (Mean Time Between Failures)
- Lebensdauer:
  – Gesamte sinnvolle Nutzungsdauer des Produktes
- Konformität:
  – Erfüllung der vorgegebenen Spezifikationen (oft in einem Datenblatt dokumentiert)
- Ästhetik:
  – Optisches Design, Akustik, Geschmack, Geruch (diese Kategorie ist schwer zu fassen, da hier die Anforderungen extrem subjektiv sind, d. h. vom Kunden/Nutzer abhängen und praktisch nicht parametrisierbar sind)

- Image (Marke):
  - Annahme, dass ein neues Produkt eines Herstellers genauso gut (oder schlecht) ist, wie die auf dem Markt befindlichen Produkte desselben Herstellers.

Alle Anforderungen, geordnet nach den obigen Kategorien, lassen sich natürlich mit dem Kano-Modell beschreiben.

Grundsatz: Basis-Anforderungen sind Anforderungen, die erfüllt sein müssen. Zur Kundenzufriedenheit trägt ihre Erfüllung (beinahe) digital bei: Nichterfüllung erzeugt große Unzufriedenheit, jedoch steigert Übererfüllung nicht die Zufriedenheit des Kunden. Eine Wäscheleine darf nicht reissen, wenn sie mit Wäsche behängt ist. Es erhöht die Zufriedenheit des Kunden jedoch nicht, wenn sie die Festigkeit eines Bergseiles hat. Der Kunde bemerkt die erhöhte Reißfestigkeit im Gebrauch ja gar nicht! (Beispiel nach T. Pfeifer). Hier lauert die Gefahr des kostentreibenden „Overengineerings".

Begeisterungsmerkmale zu definieren, ist oft schwierig, da sie vom Kunden nicht artikuliert werden. Sie haben ja die Eigenschaft des für den Kunden unerwarteten positiven Effektes. Auch hier ist die Gefahr groß, Begeisterungsmerkmale „am Markt vorbei" zu entwickeln und zu produzieren, die den Kunden dann doch nicht begeistern. Auch ist es ein Irrtum, anzunehmen, dass Begeisterungsmerkmale immer auf hochwertigen und kostenintensiven Innovationen beruhen müssen. Das Schokoladentäfelchen auf dem Hotelbett war bei seiner Einführung ein echtes Begeisterungsmerkmal, das fast keinen Aufwand verursacht hat. (Dieses Beispiel zeigt auch die Lebensgeschichte von Qualitätsmerkmalen nach Kano: das Schokoladentäfelchen ist mittlerweile zum Basis-Merkmal mutiert; wer es nicht vorfindet, ist unzufrieden und beschwert sich vielleicht sogar.)

Ermittlung der Kundenanforderungen-1: Direkte Kommunikation mit dem Kunden Hier handelt es sich um den Fall der auftragsgebundenen Fertigung: der Kunde ist bekannt und bestellt ein Produkt oder eine Dienstleistung (Beispiele: Friseurbesuch, Bau eines Flughafens). Der Kunde legt seine Anforderungen in einem Lastenheft fest.

Lastenheft Ein Lastenheft ist nach DIN 69905 die „vom Auftraggeber festgelegte Gesamtheit der Forderungen an die Lieferungen und Leistungen eines Auftragnehmers innerhalb eines Auftrages".

Lastenhefte dienen als Grundlage von Ausschreibungen, Vertragsverhandlungen und Vertragsgestaltung. Lastenhefte werden vom Auftraggeber (= Kunden) erstellt und sind dessen Eigentum.

Aufbau und Inhalt von Lastenheften (beispielhaft; es gibt keine normativ festgelegte Gliederung von Lastenheften)

Ein Lastenheft kann in folgende neun Abschnitte gegliedert werden:

0. Organisatorisches: Auftaggeber- und Auftragnehmerdaten (Firmennamen, Adressen, Ansprechpartner etc . . .), Vertraulichkeitserklärung (Non Disclosure Agreement

NDA), Dokumentennummer, Datum, Projektbezeichnung, Unterschriften, Freigabe, Verteiler, Inhaltsverzeichnis

Kommentar: ein Lastenheft ist ein gelenktes Dokument.

1. Zielbestimmung: welche Ziele des Auftraggebers sollen durch den Einsatz des Produktes/ der Dienstleistung erreicht werden? Dies ist eine Schlüsselinformation für den Auftragnehmer als Basis für die richtige Produktentwicklung.
2. Produkteinsatz: Festlegung, für welche Anwendung und welche Zielgruppe das Produkt vorgesehen ist. Die Punkte 1) und 2) sind inhaltlich sehr ähnlich und können auch zusammengefasst werden. Sie umfassen im Wesentlichen die Kategorien „Gebrauchsnutzen" und „Ausstattung" der Produktqualität.
3. Produktfunktionen: Funktionale Anforderungen an das Produkt. Dieser Punkt beinhaltet gemeinsam mit Punkt 5) die Kategorie „Konformität" der Produktqualität. Er enthält möglichst keine Detailbeschreibungen, um die Umsetzungsmöglichkeiten des Auftragnehmers, die dann im Pflichtenheft beschrieben werden, nicht unnötig einzuschränken. Die Funktionsanforderungen werden in einer formalisierten Liste dargestellt:
   /LF10/: Anforderung 1
   /LF20/: Anforderung 2
   etc . . . (LF: Lastenheft-Funktion)
4. Nicht-funktionale Anforderungen: dieser Punkt beinhaltet alle übrigen Kategorien der Produktqualität wie Benutzbarkeit, Zuverlässigkeit, Effizienz, Änderbarkeit, Wartbarkeit, Ästhetik.
5. Produktleistungen: quantitative Anforderungen an die Produktfunktionen (siehe Punkt 3)); auch diese werden in einer formalisierten Liste niedergelegt:
   /LL10)/: Produktleistung 1
   /LL20/: Produktleistung 2
   etc . . . (LL: Lastenheft-Leistung); die Punkte 3) und 5) können bei nicht zu großer Komplexität zusammengefasst werden.
6. Zieltermine: für Prototypen zur Erprobung beim Auftraggeber, Vorserien- und Serienfertigung, Lieferung.
7. Lieferumfang
8. Abnahme-Kriterien: sie sind Muß-Kriterien, deren Nichterfüllung die Ablehnung des Produktes durch den Auftraggeber nach sich zieht. Deren Spezifikationen müssen im Lastenheft explizit festgelegt werden.
9. Sonstiges: Änderungswesen, Berichterstattung u. ä.

Der Auftragnehmer erzeugt aus dem Lastenheft („WAS") das Pflichtenheft („WIE"), das den ersten Schritt der Produktrealisierung durch den Auftragnehmer darstellt (s. Kap. 2.1.2). Die dafür vorgesehene Methode QFD ist in Kap. 7.3.1 näher beschrieben.

Interaktion Auftraggeber-Auftragnehmer Im Unterschied zur Produktentwicklung für einen „anonymen" Markt besteht eine enge Zusammenarbeit zwischen Auftraggeber und Auftragnehmer:

- Der Auftraggeber überprüft das Pflichtenheft auf Konformität zu seinen Anforderungen.
- Der Auftragnehmer hat die Möglichkeit, Vorschläge zum Inhalt des Lastenheftes zu machen.
- Der Auftragnehmer berichtet über den Status der Produktentwicklung, Zwischenergebnisse, Risiken und Probleme an den Auftraggeber.
- Der Auftraggeber überprüft notwendige Änderungen und akzeptiert oder verbietet sie.
- (Analoges gilt auch in der Phase der Fertigung und Lieferung).

Ermittlung der Kundenanforderung-2: „anonymer Markt"; kein direkter Kontakt zum Kunden

Im Gegensatz zur oben beschriebenen Auftraggeber-Auftragnehmerbeziehung stellt der Kunde hier kein Lastenheft bereit. Zur Ermittlung der Kundenanforderungen ist man hier auf die Instrumente der **Marktforschung** angewiesen. Man unterscheidet:

- Primär-Forschung : Beschaffung **neuer** Informationen aus Befragungen, sowie Beobachtungen des Marktes und der Mitbewerber.
- Sekundärforschung : Nutzung bereits vorhandener Daten und Informationen.

Die Sekundärforschung ist weniger aufwändig als die Primärforschung und wird daher bevorzugt benutzt. Wenn die so gewonnenen Informationen nicht ausreichen, muß man auf Methoden der Primärforschung zurückgreifen.

Alle im Folgenden aufgelisteten Informationsquellen werden auch zur Ermittlung der Kundenzufriedenheit genutzt (s. Kap. 5.4).

Informationsquellen der Sekundärforschung

- Befragung von Mitarbeitern, die direkten Kundenkontakt haben (Vertriebspersonal, Aussendienstmitarbeiter, Service- und Kundendienstmitarbeiter)
- Reklamationsbewertung
- Auftrags- und Umsatzstatistiken
- Garantie- und Kundendienstleistungen
- Fachmessen
- Fachliteratur
- Amtliche Statistiken
- Statistiken von Fachverbänden
- Branchenbücher
- Analyse von Mitbewerbern und deren Produkten

- Benchmarking (direkte Zusammenarbeit mit Mitbewerbern oder branchenfremden Unternehmen zum gegenseitigen Lernen, „best practise sharing")
- Fachpresse

Informationsquellen der Primärforschung Hier wird Information in direktem Kontakt mit dem Kunden gewonnen. Dazu werden Interviews, Fachgespräche und schriftliche Umfragen (z. B. Fragebogenaktionen) durchgeführt. Oft bedient man sich dabei der Hilfe von Marktforschungsinstituten.

Da naturgemäß meist nur Stichproben erhoben werden können, ist die richtige Stichprobenauswahl (Anzahl und Kundenkreis) essentiell für die Brauchbarkeit der gewonnenen Informationen. Methoden der Statistik zur Berechnung von Stichprobenumfängen und Signifikanz von Ergebnissen sind hier vonnöten (s. Kap. 7.2.1).

Spezialfall: Panel-Untersuchung

Hier werden Mehrfachbefragungen **desselben** Personenkreises (derselben Stichprobe) in definierten Zeitabständen durchgeführt. Man erhält damit Aufschluss über die zeitliche Entwicklung der Kundenanforderungen (Beispielsweise lässt sich damit die Frage beantworten, ob ein gerade in Entwicklung befindliches Produkt noch „das richtige" ist).

Einen wesentlich höheren Stellenwert hat die direkte Kundenbefragung bei der Ermittlung der Kundenzufriedenheit. Deshalb wird in Kap. 5.4 näher darauf eingegangen.

3.2.1.2 Kundenanforderungen umsetzen: Produktentstehung

Die entsprechend Kap. 3.2.1.1 ermittelten Kundenanforderungen werden unter Anwendung der Methoden und Werkzeuge des Projektmanagements umgesetzt (s. Kap. 6.3). Die Produktentstehung lässt sich in 5 Phasen unterteilen:

- Konzeptphase
- Entwicklung
- Erprobung und Qualifikation
- Vorserienphase
- Serienphase (Volumenproduktion)

Jede Produktentstehungsphase ist gekennzeichnet durch Meilensteine, deren vorgegebene Inhalte erreicht werden müssen, sowie die Anwendung von Qualitätsverfahren, die durch die QM-Programmplanung festgelegt werden. Diese erfolgt bereits in der Konzeptphase.

QM-Programmplanung Sie legt fest, welche QM-Maßnahmen im Produktentstehungsprozess durchzuführen sind. Insbesondere sind dies:

- QFD (Quality Function Deployment)
- Qualitätsbewertungen (QB; s. Kap. 7.3.2)
- FMEA (Fehlermöglichkeits-Einflussanalyse)
- DoE (Design of Experiments)
- MTA (Meilenstein-Trendanalyse).

Die aufgeführten Methoden sind Gegenstand des Kap. 7.3.

Meilensteine Meilensteine markieren den Abschluß von Teilprojekten/ Projektphasen, zu denen vorher definierte Ergebnisse vorliegen müssen. Meist werden Reviews der erzielten Ergebnisse und Qualitätsbewertungen durchgeführt und Entscheidungen über den weiteren Verlauf des Projektes getroffen: nur bei positiver Bewertung geht das Projekt in die nächste Phase.

Meilensteine sind immer charakterisiert durch:

- zu erbringende Ergebnisse
- Termin
- Verantwortlicher.

Produktentstehung Der hier vorgestellte Ablauf der Produktentstehung ist als prinzipiell zu verstehen. Modifikationen, Erweiterungen (insbesondere weitere Untergliederung der Phasen mit weiteren Meilensteinen) sind je nach Komplexität notwendig und üblich.

Konzeptphase Übersetzung des Lastenheftes in das Pflichtenheft für das Produkt, QM-Programmplanung

Ergebnis Meilenstein M1: Pflichtenheft, QM-Programmplanung

QM-Programmplanung: QB-1, QFD-1 (Lastenheft- > Pflichtenheft)

Entwicklungsphase Produktentwicklung, Prozessentwicklung, Produktionsplanung

Ergebnis Meilenstein M2: Labormuster, vorliegende Produkt,- Prozess- und Fertigungsdokumentation

QM-Programmplanung: QFD-2 (Produkt- > Komponenten) QFD-3 (Komponenten- > Prozess) QFD-4 (Prozess- > Fertigung) DOE, QB-2, Konstruktions-FMEA (Risikobewertung)

Erprobung und Qualifikation Fertigung von Kleinserien, Überprüfen der Produktparameter an statistisch ausreichenden Stückzahlen, Zuverlässigkeitsuntersuchungen

Ergebnis Meilenstein M-3: Vorserienfreigabe, Prozessfestschreibung, Produktionsfestschreibung

QM-Programmplanung: Prozess-FMEA, DOE, QB-3

Vorserienphase Überprüfung der Produktkonformität, d. h. die Erfüllung aller im Pflichtenheft enthaltenen Vorgaben auf statistisch ausreichender Basis, Bewertung der Prozessstabilität (Berechnung der c_{pk}- Werte, s. Kap. 7.2.3), Zuverlässigkeitsuntersuchungen, Bereitstellen der Produktion (Gebäude, Maschinen, Personal, Infrastruktur), Felderprobung des Produktes

Ergebnis Meilenstein M-4: Serienfreigabe

QM-Programmplanung: QB-4,MFU, PFU (s. Kap. 7.2.3), MSA (Messsystem-Analyse, s. Kap. 7.2.5)

Serienphase Volumenproduktion und Lieferung.

3.2.2 Beschwerde/Reklamationsmanagement

Jedes Unternehmen muss auf Beschwerden seiner Kunden vorbereitet sein, um angemessen darauf reagieren zu können. Nur durch ein effektives Beschwerde- und Reklamationsmanagement kann die Zufriedenheit des Kunden wiedergewonnen werden.

(Die Begriffe „Reklamation" und „Beschwerde" werden im Folgenden synonymisch verwendet).

Definition: Reklamationsmanagement Reklamationsmanagement umfasst Planung, Durchführung und Überwachung aller Maßnahmen, die ein Unternehmen bei Kundenreklamationen ergreift. Ziel ist die Wiedergewinnung der Kundenzufriedenheit.

Definition: Beschwerde Eine Beschwerde ist eine negative Äußerung eines Kunden, Lieferanten oder Geschäftspartners über ein Produkt oder eine Dienstleistung. Sie ist insbesondere **gerechtfertigt**, wenn zugesicherte oder erwartete Eigenschaften nicht erfüllt sind:

Nichterfüllte Anforderung (= Qualitätsfehler) - > gerechtfertigte Beschwerde.

Ablauf des Reklamationsmanagements (vergleiche hierzu auch die Norm ISO 10002:2005)

Die **Voraussetzung** für ein funktionierendes Beschwerdemanagement ist seine feste Verankerung in der Organisation als Geschäftsprozess (s. Kap. 3.3) mit definierten Strukturen, Zuständigkeiten und Ressourcen.

Das Reklamationsmanagement umfasst zwei Teile:

- nach außen: Betreuung des Kunden zur Wiedergewinnung der Kundenzufriedenheit.
- nach innen: Beseitigung der Beschwerdursache, um Beschwerden weiterer Kunden zu verhindern und das zugrundeliegende Qualitätsproblem zu beseitigen.

Kundenbetreuung (Grobprozess):

1. Beschwerde-Annahme: dafür müssen klar definierte, für den Kunden leicht auffindbare und erreichbare Kontaktstellen eingerichtet sein (persönliche Kundenbetreuer, Telefonhotlines, e-mail-Systeme...)
   Schematischer Ablauf:
   - Entgegennehmen der Beschwerde
   - Bestätigung des Eingangs
   - Registration der Beschwerde zur weiteren Bearbeitung

Gegebenenfalls erhält der Kunde Zwischenbescheide über den Status der Beschwerdebearbeitung. Insbesondere fordern viele Kunden (z. B. die Automobilindustrie) auch Informationen über die internen Korrekturmaßnahmen zum Abstellen der Beschwerdeursache.

2. Interne Entscheidung über die Akzeptanz der Beschwerde: dies erfordert oft bereits beträchtlichen Analyseaufwand. Wird die Beschwerde als nicht gerechtfertigt eingestuft, so muss der Kunde informiert werden. Die Gründe für die Ablehnung sind schlüssig darzulegen. (Hier kann es zu langen, aufwändigen Diskussionen und Verhandlungen kommen, insbesondere, wenn es um eingeforderte Garantieleistungen geht!)

3. Falls die Beschwerde gerechtfertigt ist, Entscheidung über Behandlung des reklamierten Produktes/ der Dienstleistung:

- Umtausch, Ersatz
- Reparatur
- Rückerstattung des Kaufpreises (Wandlung)
- Teilrückerstattung des Kaufpreises, wobei der Kunde das Produkt behält (Minderung)
  Über die Art der Behandlung wird (oft) in Abstimmung mit dem Kunden entschieden.

4. Zusatzmaßnahmen zur Rückgewinnung der Kundenzufriedenheit und damit des Kunden: Schriftliche Entschuldigung für den Qualitätsmangel (obligatorisch!)
   Fakultativ: Kulanzmaßnahmen wie z. B. Preisnachlässe oder unentgeltliche Zusatzleistungen.

Fehlerbeseitigung, Korrektur Das Unternehmen ergreift alle Maßnahmen, um das Wiederauftreten des der Beschwerde zugrunde liegenden Qualitätsproblems zu verhindern. Bei Problemen, die nicht sofort behebbar sind, größere Auswirkungen haben und einen Experten-Teamansatz erfordern, setzt man häufig die die im Kap. 7.1.4 beschriebene Methode ein. Ihre Anwendung fordern insbesondere die Automobilindustrie und deren Zulieferer für **jedes** ausgefallene Bauteil.

Direktes und indirektes Beschwerdemanagement Unter direktem Beschwerdemanagement versteht man die Bearbeitung konkreter Beschwerden nach dem oben vorgestellten Ablauf.

Darüber hinaus ist ein indirektes Beschwerdemanagement erforderlich. Hier werden die Beschwerden aller Kunden erfasst, statistisch aufbereitet und zu Reports und Kennzahlen verdichtet. Diese sind Teil des Qualitätscontrollings (s. Kap. 5) und der Unternehmensleitung zu berichten. Das indirekte Beschwerdemanagement deckt systematische, übergreifende Schwachstellen, Probleme und Risiken auf und sorgt für deren Abstellung.

Grundsatz: Die Qualitätsplanung muss Zielwerte für die Kennzahlen definieren (z. B. Anzahl Beschwerden pro Anzahl verkaufter Einheiten < xx), deren Einhaltung im Rahmen der Qualitätslenkung zu überwachen ist.

Die Qualitätssicherung nutzt die Daten, um nachzuweisen, dass die vorgegebenen Qualitätsziele erreicht werden.

Die Daten dienen als Grundlage für KVP-Aktivitäten.

3.3   Kapitel 3.3 Prozess-Management

Die Identifikation, Beschreibung, Einführung, Überwachung und ständige Verbesserung der Geschäftsprozesse eines Unternehmens ist die Grundlage für das Erreichen aller Ziele des Unternehmens. Wie in Kap. 2.2 dargelegt, ist die Weiterentwicklung zu einem prozessorientierten Unternehmen auch eine Weiterentwicklung des QMS.

Definition: Geschäftsprozess DIN EN ISO 8402: „Ein Prozess ist ein Satz von in Wechselwirkung stehenden Mitteln und Tätigkeiten, die Eingaben in Ergebnisse umgestalten".

Prozesse beinhalten immer eine Wertschöpfung.

Prozesse werden (in Abgrenzung zum Projekt, s. Kap. 6.3) üblicherweise mehrfach bzw. kontinuierlich durchlaufen. Sie haben immer die Elemente

Eingabe → Verarbeitung/Veredelung → Ausgabe (**EVA**-Modell).

Definition: Geschäftsprozess-Management Das Geschäftsprozess-Management beschäftigt sich mit dem Gestalten, Dokumentieren, Einführen, Überwachen und Verbessern der Geschäftsprozesse des Unternehmens.

Insbesondere hat es die Aufgabe, alle Geschäftsprozesse der Organisation zu definieren und deren Wechselwirkungen (Schnittstellen) zu beschreiben:

Die Prozesslandschaft des Unternehmens.

3.3.1   Prozess-Landschaft

Die Prozesslandschaft eine Unternehmens beinhaltet die Gesamtheit aller Geschäftsprozesse, die das Unternehmen benötigt und betreibt, um seine Ziele zu erreichen.

Sie wird hierarchisch – üblicherweise auf drei bis vier Ebenen – dargestellt. Zumindest die Prozesse der untersten (Arbeits-) Ebene werden detailliert beschrieben (s. Kap. 3.3.2).

Man unterscheidet:

- Managementprozesse: Dies sind die Prozesse, die Strategien und Zielsetzungen des Unternehmens festlegen und deren Erreichung überwachen.
- Kernprozesse: Dies sind die Prozesse, die letztendlich zum Geschäftsergebnis des Unternehmens führen (Produktentstehungs-, Marketing-, Vertriebspozess).
- Unterstützungsprozesse: Sie werden benötigt, damit die Management- und Kernprozesse betrieben werden können (u.a. Rechnungswesen-, Personalmanagement-, Kommunikationsmanagement-Prozesse).

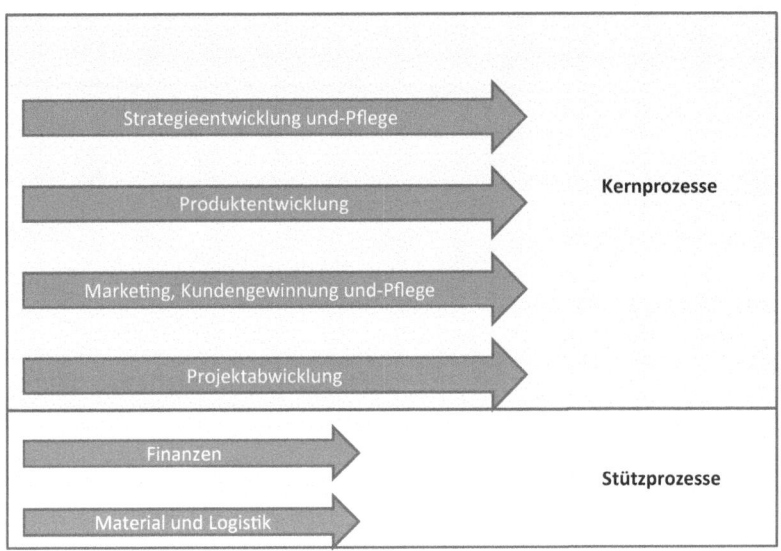

Abb. 3.2 Prozesslandschaft des Beratungsunternehmens EMF

Abbildung 3.2 zeigt (beispielhaft) die Prozesslandschaft des Beratungsunternehmens EMF. In Abb. 3.3 ist die nächste Hierarchieebene (Detaillierung des Prozesses Finanzen) dargestellt.

Matrix-Organisation Geschäftsprozesse und deren Abfolge sind auf die Erfüllung der Kundenwünsche ausgerichtet. Sie sind (fast) nie innerhalb einer Abteilung eines Unternehmens abzuarbeiten. Andererseits ist jede Abteilung an mehreren Geschäftsprozessen beteiligt. Es ergibt sich eine Matrix-Organisation. Die Abb. 3.4 zeigt ein Beispiel.

Prozess-Verantwortlicher Aus der Notwendigkeit der Matrix-Organisation ergibt sich, dass die Verantwortung für einen Geschäftsprozess in der Organisationsstruktur eines Unternehmens nicht abgebildet werden kann. Deshalb muss jedem Geschäftsprozess auf jeder Hierarchieebene ein Prozess-Verantwortlicher („process owner") zugewiesen werden. Dieser verantwortet:

- Gestaltung und Dokumentation
- Einführung und Betreiben
- Kontrolle von Effektivität und Effizienz mit Hilfe geeigneter Prozessparameter
- KVP-Maßnahmen
- Außer-Betrieb-Setzung

seines Prozesses.

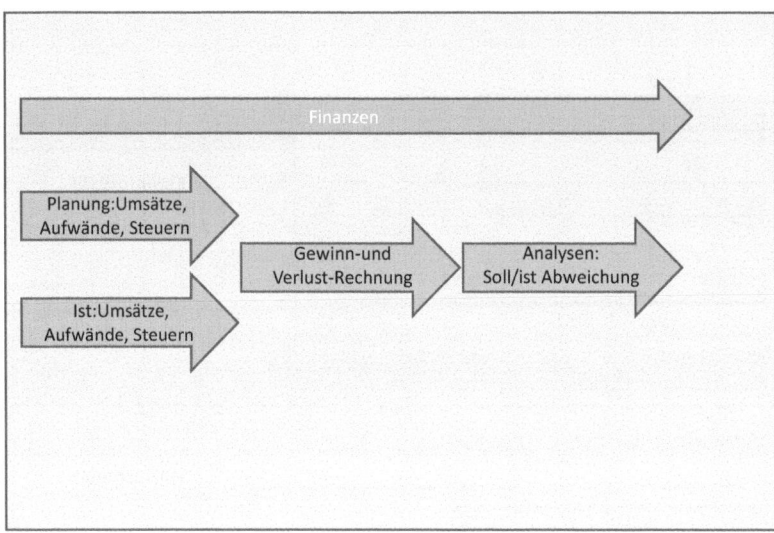

Abb. 3.3 EMF Teilprozesse: Finanzen

Abteilungen (Aufbauorganisation)									
	Firmen-leitung	Produktion	Marketing	Vertrieb	Einkauf	Entwicklung	Qualitäts-abteilung	Logistik	Personal-abteilung
Definition der Unternehmens-strategie	x								
Ermittlung der Kunden-zufriedenheit			x				x		
Auftragsab-wicklung		x		x	x		x	x	
Personalbe-schaffung*									x

X: die Abteilung ist am jeweiligen Geschäftsprozess beteiligt

*: natürlich sind auch die jeweiligen Fachabteilungen beteiligt, die ja das Personal benötigen

Abb. 3.4 Matrix-Struktur im Prozessmanagement

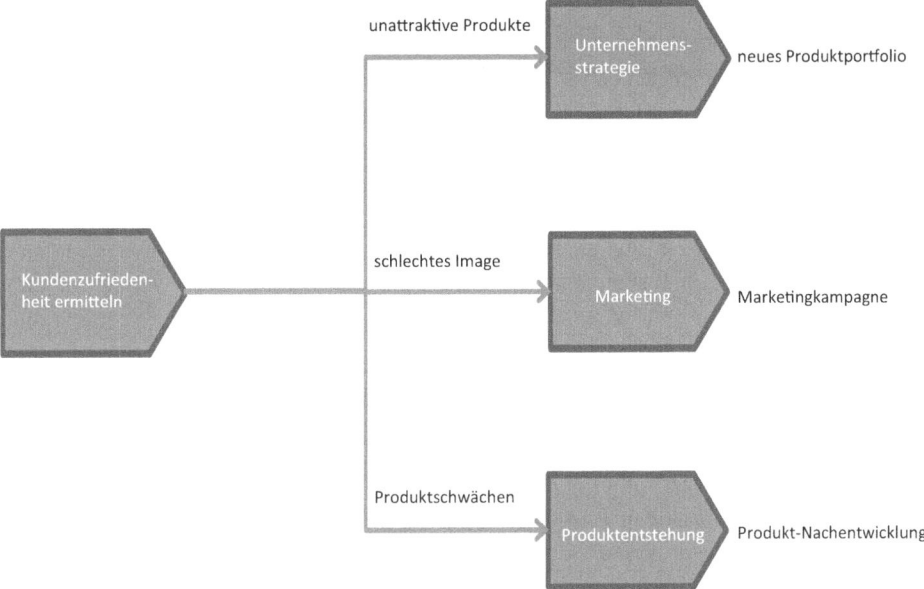

Abb. 3.5 Schnittstellen

Grundsatz: Offensichtlich liegt in der Matrix-Organisation ein beträchtliches Konflikt-potential zwischen dem Prozess-Verantwortlichen und der Aufbauorganisation. Dieses kann nur durch striktes Bekenntnis der Unternehmensleitung zur Prozessorientierung ausgeschaltet werden. Oft übernehmen deshalb Mitglieder der Unternehmensleitung die Patenschaft ("sponsor, godfather") für Prozesse der obersten Hierarchieebene. Die Rolle des Prozesspaten ist in der Prozessmanagement-Theorie explizit ausgewiesen.

Manchmal übernehmen Abteilungsleiter in einer Doppelfunktion "naheliegende" Prozess-Verantwortungen. Beispielsweise nimmt der Leiter der Produktentwicklungs-Abteilung die Verantwortung für den Produktentstehungsprozess wahr.

Schnittstellen Eine essentielle Aufgabe im Rahmen der Erstellung der Prozesslandschaft ist die Identifikation und Dokumentation von Schnittstellen zwischen den Prozessen:

Welche Ergebnisse eines Prozesses werden von welchen anderen Prozessen (einschließ-lich denen des Kunden) verwendet?

Ein einfaches Beispiel zeigt Abb. 3.5: die Ergebnisse des Prozesses "Kundenzufrie-denheit ermitteln" führen in den Prozessen "Unternehmensstrategie", "Marketing" und "Produktentstehung zu Maßnahmen.

3.3.2   Prozess-Modellierung

Ein Geschäftsprozess besteht aus Prozesselementen, die im Geschäftsprozessmodell zu-sammengefügt sind. Der Prozess wird anhand des Prozessmodells beschrieben und dokumentiert. Prozessbeschreibungen sind gelenkte Dokumente.

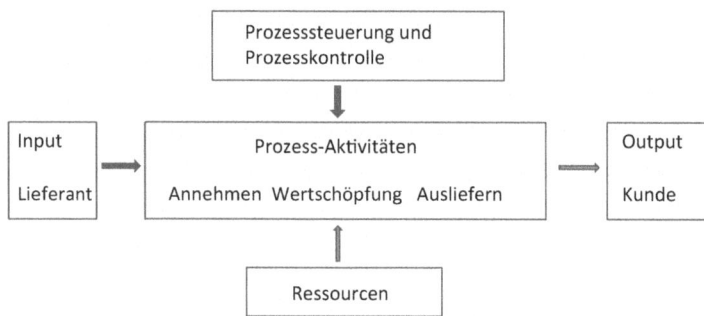

Abb. 3.6 Prozessmodell

Grundlage der Prozessmodellierung ist die eindeutige Definition des Prozessgegenstandes/Prozessobjektes, an dem durch den Prozess eine Wertschöpfung stattfinden soll. Wertschöpfung ist der Zustand des Prozessobjektes **nach** dem Durchlaufen des Prozesses im Vergleich zum Zustand **vor** dem Durchlaufen des Prozesses. Bei der Modellierung eines Geschäftsprozesses beginnt man stets mit der Definition des Kunden und seiner Erwartung an das Prozessergebnis, dem Output. Abbildung 3.6 zeigt die Elemente des Prozesses, die im Weiteren erläutert werden:

Element 1: Output und Kunde

• Kunden: wer benötigt die Prozessergebnisse?
• Prozessergebnis (Output): Prozessobjekt nach der Wertschöpfung; zusätzlich begleitende Informationen, Daten, Dokumente

Element 2: Input und Lieferanten

• Prozess-Input : Prozessobjekt vor der Wertschöpfung, begleitende Informationen, Daten, Dokumente, Material und Teile
• Lieferanten: wer liefert die Prozess-Inputs?

Element 3: Prozessaktivitäten   Die Prozessaktivitäten sind unterteilt in:

• Annehmen: Übernahme der Inputs (insbesondere des Prozessobjektes) mit Eingangsprüfung
• Wertschöpfung: Durchführung der Tätigkeiten. Diese werden im Detail beschrieben. Möglichkeiten zur Beschreibung sind Flussdiagramme (z. B. in VISIO) und/oder Schritt-für-Schritt-Beschreibungen. Eine Excel-basierte Darstellung zeigt Abb. 3.7:

Datum:

Schritt	von Schritt	Input	Rollen	Tätigkeiten	nach Schritt	Output	Dokumente, Vorschriften	Checklisten, Formul are
1000								
1010								
1020								
1030								
1040								
1050								
1060								
1070								
1080								
1090								
1100								
1110								
1120								
1130								
1140								
1150								
1160								
1170								
1180								
1190								
1200								

Abb. 3.7 Prozess-Aktivitäten

Die einzelnen Schritte (Tätigkeiten) sind fortlaufend nummeriert, sodass auch Sprünge und Verzweigungen leicht dargestellt werden können. Jede Zeile beschreibt eine Tätigkeit (in der Spalte „Rollen" wird eingetragen, wer die entsprechende Tätigkeit durchführt).

- Ausliefern: Übergabe des Prozessobjektes und aller anderen Outputs an den/die nächsten Prozesse mit Ausgangsprüfung.

Element 4: Verantwortungen

- Verantwortungen **am** Prozess: Prozess-Verantwortlicher, Autor, Prozess-Pate (der Autor beschreibt und dokumentiert den Prozess im Auftrag des Prozess-Verantwortlichen, oft ist der Prozess-Verantwortliche der Autor)
- Verantwortungen **im** Prozess (d. h. bei der Prozessdurchführung; dies entspricht der Spalte „Rollen" in Abb. 3.7).

Element 5: Prozesssteuerung und Controlling Jeder Geschäftsprozess ist Teil der gesamten Aktivitäten des Unternehmens und benötigt Steuergrößen. Effektivität (Qualität des

Ergebnisses) und Effizienz (Nutzung der Ressourcen) müssen überwacht und verbessert werden (KVP im Prozess). Steuergrößen sind:

- Spezifikationen der Prozessergebnisse
- gesetzliche Regelungen und Vorgaben der Gesellschaft (z. B. Umweltschutz)
- Prozesssteuergrößen mit Zielen und Überwachung (Durchlaufzeiten, Kosten, Materialverbrauch, Anzahl Reklamationen, Verwurf- und Nacharbeitsanteil,. . .)
- Überprüfungsmaßnahmen im Prozessablauf (Eingangs-und Ausgangsprüfung, SPC, MSA)

Zusätzlich muss ein Änderungsmanagement etabliert sein, das dafür sorgt, dass Änderungen des Prozesses kontrolliert und dokumentiert eingeführt werden. Insbesondere sind Risikobewertungen durchzuführen.

6. Ressourcen Die für die Durchführung des Prozesses notwendigen Ressourcen müssen definiert sein und in der richtigen Qualität und im richtigen Umfang bereitgestellt werden. Dies umfasst:

- Personal mit nachgewiesener Eignung
- Werkzeuge, Maschinen mit nachgewiesener Eignung (s. MFU: Maschinenfähigkeitsuntersuchung)
- Methoden (SPC, MFU, PFU, MSA, FMEA. . . ., s. Kap. 7)
- IT-Unterstützung
- Gebäude, Umweltbedingungen, Hilfsaggregate, Stromversorgung. . .
- Hilfsmaterialien, Ersatzteile

Dokumentation Die Prozessbeschreibung ist ein gelenktes Dokument. Dies erfordert Prüfung und formale Freigabe, Revisionsnummer, Referenzierungen etc. Die Abb. 3.8 zeigt ein Beispiel hierzu.

QM-Maßnahmen im Geschäftsprozess-Management In jedem Element eines Geschäftsprozesses sind die notwendigen QM-Maßnahmen einzusetzen, um das gewünschte Prozessergebnis und damit letztendlich die Qualität des Produktes zu gewährleisten.

In einem ideal prozessorientierten Unternehmen würden zumindest Qualitätsplanung, Qualitätslenkung, Qualitätssicherung und KVP nur aus diesen Maßnahmen bestehen.

Beispiele:

Element	QM-Maßnahme
Prozessaktivitäten: Annehmen	Eingangsprüfung, Rückweisekriterien festlegen, Sonderfreigabe-Prozess
Prozessaktivitäten: Wertschöpfung	QM-Zwischenprüfung, PFU, MSA, SPC, QFD, DoE, FMEA
Prozessaktivitäten: Ausliefern	Ausgangsprüfung, Verpackungs- und Transportanweisungen
Ressourcen: Maschinen	Maschinenabnahme, MFU, vorbeugende Wartung, Überwachung von Einstellparametern, SPC
Ressourcen: Gebäude	Überwachung von Temperatur und Luftfeuchtigkeit, Mehrfachauslegung der Stromversorgung, Überwachung der Wasserqualität, Staubfreiheit
Ressourcen: Mitarbeiter	Personalauswahl, Schulung, Training, Zertifizierung und Rezertifizierung
Input: Material	Eingangsprüfung, Einhaltung von Mindesthaltbarkeitsdaten (MHD), Lieferantenaudit, Lieferantenentwicklung
In allen Elementen	KVP-Maßnahmen

3.3.3   Aufgaben des Geschäftsprozess-Managements

Das Managen von Geschäftsprozessen ist natürlich selbst ein Geschäftsprozess. Dieser wird im Folgenden entsprechend Kap. 3.3.2 modelliert. Gleichzeitig dient er als Beispiel für die Beschreibung eines Geschäftsprozesses:

Element 1: Output und Kunde Output:

- Prozesslandschaft der Organisation
- Vollständig vorhandene dokumentierte, effektive, effiziente, regelmäßig überprüfte und verbesserte Geschäftsprozesse; („effektiv" meint hier insbesondere die Eignung der Prozesse, die Kundenanforderungen zu erfüllen.)

Kunde:
Endkunde, Unternehmen, Gesetzgeber und Gesellschaft, Lieferanten und Geschäftspartner, Mitarbeiter

Element 2: Input und Lieferanten Input:

- Kundenanforderungen
- Unternehmenszweck, Produkte, Dienstleistungen
- Strategie und Politik, Leitbild des Unternehmens

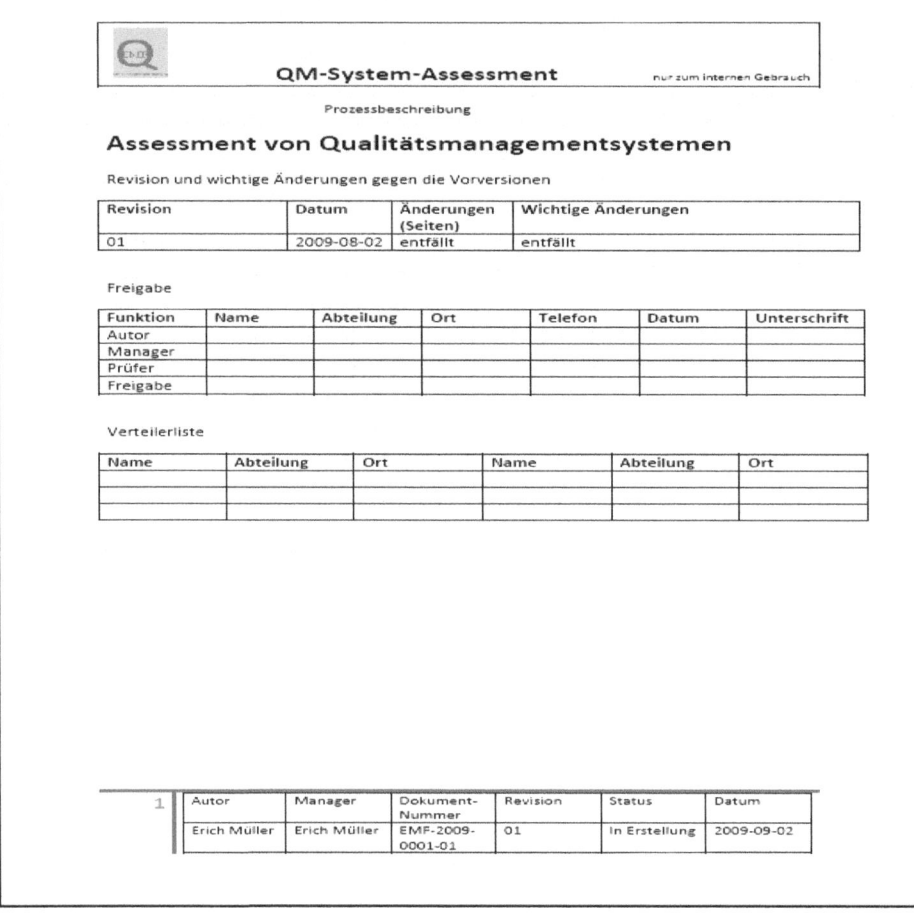

Abb. 3.8 Prozessdokument erste Seite

- Aufbauorganisation des Unternehmens
- Normen, gesetzliche Auflagen, Anforderungen der Gesellschaft
- Bedürfnisse der Mitarbeiter

Lieferanten:
   Kunde, Unternehmensleitung, Gesetzgeber, Gesellschaft, Mitarbeiter

Element 3: Prozessaktivitäten und Element 4: Verantwortungen

- Annehmen:
- Überprüfungen der Inputs auf Brauchbarkeit und Vollständigkeit
- Wertschöpfung:
- Prozesse und ihre Interaktionen identifizieren - > Prozesslandschaft

- Prozess-Verantwortliche benennen, ausbilden und beim Management ihrer Prozesse unterstützen (Beschreibung, Dokumentation, Einführung, Kontrolle, KVP)
- Festlegung der Dokumentenlenkung und Dokumentenarchivierung
- Ausliefern:

Freigabe der Geschäftsprozesse

Element 5: Prozesssteuerung und Prozesskontrolle

- Überprüfen, ob die Prozesse geeignet sind, die Kundenanforderungen zu erfüllen
- Regelmäßige Überprüfung der Prozesslandschaft und der Prozesse auf Aktualität und Vollständigkeit
- Überwachung der KVP-Maßnahmen in den Prozessen
- Bewerten der Effektivitäts- und Effizienzparameter der Prozesse, Verdichten und Erstellen von Berichten an die Unternehmensleitung; ggfalls Einfordern von Korrekturmaßnahmen
- Festlegen des Änderungsmanagements einschließlich Risikobewertung
- interne Prozessaudits

Element 6: Ressourcen

- Mitarbeiter:
- Schulung und Training von Mitarbeitern in Geschäftsprozessmanagement, Bereitstellen von Moderatoren, Einbinden der Aufbauorganisation
- IT-Unterstützung:
- Bereitstellen von Prozessmodellierungssoftware (VISIO, ARIS. . .)
- Dokumentations- und Workflow-Systeme, Datenbanken
- Maschinen:
- Büroausstattung, EDV-Hardware, Kommunikationsmittel
- Methoden:
  - Kreativitäts- und Moderationstechniken
  - KVP-Methoden (s. Kap. 6.1)
  - Rollenkataloge (Beschreibung häufig wiederkehrender Verantwortungen, z. B. der des Prozessverantwortlichen)
  - Liste kritischer Informationen (Daten, die im Unternehmen häufig und übergreifend verwendet werden und deshalb nur an einer Stelle gepflegt werden dürfen)
  - Alle in Kap. 7 vorgestellten QM-Methoden

KVP-Maßnahmen im Geschäftsprozessmanagement KVP-Maßnahmen im Geschäftsprozessmanagement basieren auf zwei Ansätzen:

- Prozessstabilisierung, Reduzierung der Prozessstreuung, um ein stabileres, besseres Prozessergebnis zu erreichen - > Erhöhung der **Effektivität** des Prozesses: **6σ –Ansatz**
- Prozess-Vereinfachung, Vermeidung von Verschwendung (japanisch: Muda), Reduzierung des Aufwandes (Kosten, Zeit...) - > Erhöhung der **Effizienz** des Prozesses: **Lean-Ansatz**

Beide Ansätze werden oft simultan angewendet („lean 6σ"). Die verwendeten Methoden sind die in Kap. 6 vorgestellten: Deming-Zyklus (PDCA) und six-sigma (DMAIC-Zyklus).

Vorgehen 6σ

- Quantitative Identifikation der für das Prozessergebnis maßgeblichen Prozessparameter mit QFD und DoE
- Definition und Umsetzung von Maßnahmen zur Reduzierung der Prozessstreuung (Verbesserung der c_{pk} -Werte); Risikobewertung vor der Einführung
- Anwendung von SPC, um den Prozess stabil zu halten

Vorgehen lean

- Identifikation der Effizienz-Messgrößen des Prozesses (Durchlaufzeiten, Kosten, Fehlerquoten, Materialverbrauch, . . .)
- Messung und Analyse der Effizienzparameter
- Maßnahmen: Eliminierung unnötiger Prozessschritte, Reduzierung von Prüfaufwänden (Vorsicht!), auch Eliminierung unnötiger Prozessergebnisse (z. B. Berichte, die niemand braucht) . . . ; Risikobewertung vor der Einführung

Grundsatz: Manchmal stehen lean-Aktivitäten im Gegensatz zu 6σ-Aktivitäten (z. B. Reduzierung von Prüfumfängen, siehe oben). Auch hier hilft eine saubere Risikobewertung, die richtigen Maßnahmen auszuwählen. Insbesondere ist es wichtig, beide Ansätze gleichzeitig zu betrachten, was letztendlich wieder zum oben bereits erwähnten Kombinationsansatz lean-6σ führt.

3.4 Total Quality Management (TQM)

3.4.1 Einführung

Das Excellence-Modell der EFQM (European Foundation for Quality Management), auch als TQM bekannt, zeichnet sich durch seinen Ansatz als integriertes Managementmodell aus. Es betrachtet **alle** Abläufe in einem Unternehmen und bewertet in strukturierter

Abb. 3.9 TQM-Zyklus

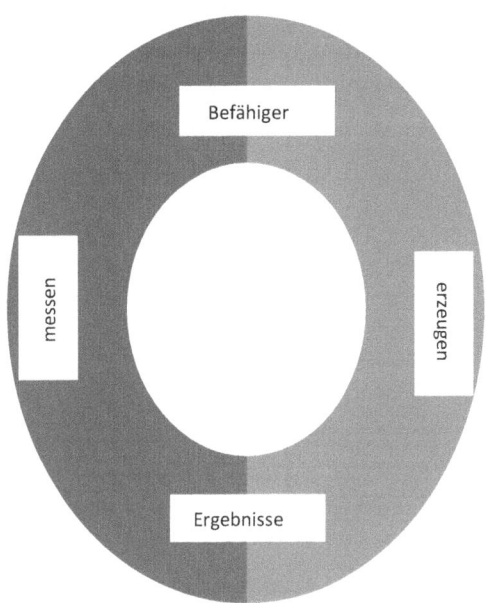

Form deren Effektivität und Effizienz. In dieser Eigenschaft enthält es alle Ansätze des Qualitätsmanagements, geht aber weit darüber hinaus.

Das EFQM-Modell (wie das Excellence-Modell der EFQM auch kurz genannt wird) ist auch die Basis für die Vergabe des hochangesehenen Qualitätspreises der EFQM, des EQA (European Quality Award).

Definition TQM (nach ISO 8402: 1995): „TQM ist eine

- auf die Mitwirkung aller Mitglieder gestützte,
- Managementmethode einer Organisation,
- die Qualität in den Mittelpunkt stellt und
- durch Zufriedenstellung der Kunden
- auf langfristigen Geschäftserfolg sowie
- auf Nutzen für die Mitglieder der Organisation
- und für die Gesellschaft

zielt.“

Das Modell basiert auf der Einteilung in fünf **Befähiger -Kriterien** (Aktivitäten) und vier **Ergebnis -Kriterien**. In Abb. 3.9 ist dargestellt, wie ein Rückkopplungszyklus zwischen Befähigern und Ergebnissen entsteht, der dem DEMING- bzw. PDCA-Zyklus des KVP-Gedankens entspricht, aber die gesamte Organisation umfasst:

Die Befähiger erzeugen Ergebnisse der Organisation, deren Messung Aufschluss über die Qualität der Befähiger gibt und zu deren Verbesserung führt.

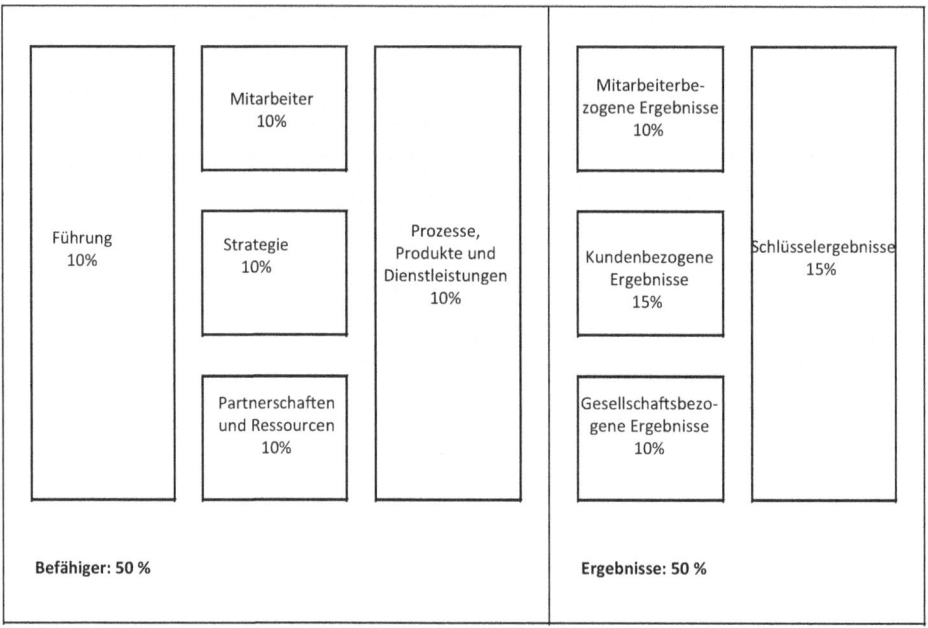

Abb. 3.10 EFQM-Kriterien

Die Wirksamkeit der Verbesserung der Befähiger wird wiederum durch bessere Ergebnisse nachgewiesen.

Die neun Kriterien werden über ein Punktesystem gewichtet. Diese Priorisierung ist die Grundlage für die Effektivitätsbewertung des Unternehmens (und für die Bewerbung um den EQA).

In Abb. 3.10 sind die Kriterien des EFQM-Modells und ihre Gewichtung dargestellt. Befähiger und Ergebnisse sind in Summe jeweils mit 50 % gewichtet. Eine Beschreibung der Kriterien erfolgt in Kap. 3.4.3.

3.4.2 Die Grundkonzepte des EFQM-Modells

Die Grundkonzepte der Excellence beschreiben die Ansprüche an eine exzellente Organisation. Sie sind eng mit den Unterkriterien des Bewertungsmodells (Kap. 3.4.3) verknüpft:

- Ausgewogene Ergebnisse erzielen
  Exzellente Organisationen legen Ziele in allen für sie relevanten Bereichen fest und verfolgen konsequent das Erreichen dieser Ziele. Sie verfügen über eine langfristige Planung, die die Zukunft des Unternehmens sicherstellt.
- Nutzen für die Kunden schaffen
  Wie im klassischen Qualitätsmanagement ist die Kundenorientierung eine der wichtigsten Grundlagen des Unternehmenserfolges.

- Mit Vision, Inspiration und Integrität führen
  Die Aufgabe der Führungskräfte und Entscheider ist, wie auch in der DIN EN ISO9001 beschrieben, das Gestalten der Zukunft des Unternehmens.
- Mit Prozessen managen
  Exzellente Organisationen werden mittels strukturierter und an der Strategie ausgerichteter Prozesse gemanagt. Prozessmanagement (Kap. 3.3) ist also eine notwendige Voraussetzung für das erfolgreiche Betreiben einer TQM-Strategie.
- Durch Mitarbeiterinnen und Mitarbeiter erfolgreich sein
  Mitarbeiterinnen und Mitarbeiter werden einbezogen und wirken aktiv am Unternehmenserfolg mit. Unternehmensziele und persönliche Ziele der Mitarbeiter werden gleichermaßen verfolgt.
- Kreativität und Innovation fördern
  Auch in der Systematik des TQM gelten die Aussagen des Kano-Modells, das nach permanenter Bereitstellung von Begeisterungsanforderungen verlangt, sowie die Forderung des QM nach kontinuierlicher Verbesserung.
- Partnerschaften gestalten
  Partnerschaften mit Kunden, gesellschaftlichen Gruppen, Schlüssellieferanten, Mitbewerbern, Bildungsorganisationen und Nichtregierungsorganisationen sorgen für einen gemeinsamen Erfolg.
- Verantwortung für eine nachhaltige Zukunft übernehmen
  Exzellente Organisationen übernehmen nachhaltige soziale, ökonomische und ökologische Verantwortung. Dies drückt sich insbesondere auch in ihrer Unternehmenskultur, ihren Werten und Leitbildern aus.

3.4.3 Die Kriterien des EFQM-Modells

Die Kriterien des EFQM-Modells sind in Unterkriterien unterteilt, die in Form von Ansatzpunkten (d. h. möglichen konkreten Aktivitäten) weiter detailliert und erläutert werden. Die Kriterien und ihre Unterkriterien werden im Folgenden vorgestellt (EFQM-Modell Fassung 2010). Ein Unternehmen, das TQM als Strategie ausgewählt hat, muss zu jedem Unterkriterium die entsprechenden Maßnahmen definieren und realisieren (Befähiger). Zu den Unterkriterien der Ergebnisse sind konkrete Zielparameter und Zielwerte festzulegen. Der Kausalzusammenhang zwischen Befähigern und Ergebnissen ist zu beachten und transparent darzustellen.

Kriterium 1: Führung

- 1a Führungskräfte entwickeln die Vision, Mission, Werte und moralischen Grundsätze und sind Vorbilder.
- 1b Führungskräfte definieren, verfolgen, überprüfen und fördern die Entwicklung des Managementsystems und die Leistung der Organisation.

- 1c Führungskräfte beschäftigen sich persönlich mit externen Interessengruppen (Kunden, Partner, Eigentümer, Vertreter der Gesellschaft).
- 1d Führungskräfte bauen zusammen mit Mitarbeitern der Organisation eine Kultur der Excellence auf.
- 1e Führungskräfte stellen die Flexibilität der Organisation und effektives Change Management sicher.

Kriterium 2: Strategie

- 2a Strategie beruht auf dem Verständnis der Bedürfnisse und Erwartungen der Interessengruppen und dem externen Umfeld.
- 2b Strategie beruht auf dem Verständnis der internen Leistung und Kompetenzen.
- 2c Die Strategie und unterstützende Politik werden entwickelt, überprüft und aktualisiert, um ökonomische, gesellschaftliche und ökologische Nachhaltigkeit sicherzustellen.
- 2d Die Strategie und unterstützende Politik werden kommuniziert und durch Pläne, Prozesse und Ziele umgesetzt.

Kriterium 3: Mitarbeiter

- 3a Personalpläne unterstützen die Strategie der Organisation.
- 3b Das Wissen und die Fähigkeiten der Mitarbeiter werden entwickelt.
- 3c Mitarbeiter agieren abgestimmt, werden eingebunden und zu selbstständigem Handeln ermächtigt.
- 3d Mitarbeiter kommunizieren in der gesamten Organisation effektiv.
- 3e Mitarbeiter werden belohnt, anerkannt und betreut.

Kriterium 4: Partnerschaften & Ressourcen

- 4a Partner und Lieferanten werden für nachhaltigen Nutzen gemanagt.
- 4b Finanzen werden gemanagt, um andauernden Erfolg sicherzustellen.
- 4c Gebäude, Einrichtungen und Material werden zur Unterstützung der Strategie gemanagt, wobei die Umweltbelastung minimiert wird.
- 4d Technologie wird gemanagt, um die Strategie zu unterstützen.
- 4e Informationen und Wissen werden gemanagt, um die effektive Entscheidungsfindung zu unterstützen.

Kriterium 5: Prozesse, Produkte & Dienstleistungen

- 5a Prozesse werden entwickelt und gemanagt, um den Nutzen für die Interessengruppen zu optimieren.
- 5b Produkte und Dienstleistungen werden entwickelt, um den optimalen Nutzen für den Kunden zu schaffen.

- 5c Produkte und Dienstleistungen werden effektiv beworben und vermarktet.
- 5d Produkte und Dienstleistungen werden hergestellt, geliefert und gemanagt, um den laufenden Erfolg der Organisation zu sichern.
- 5e Kundenbeziehungen werden gemanagt und vertieft.

Kriterium 6: Kundenbezogene Ergebnisse

- 6a Wahrnehmungen
- 6b Leistungsindikatoren

Kriterium 7: Mitarbeiterbezogene Ergebnisse

- 7a Wahrnehmungen
- 7b Leistungsindikatoren

Kriterium 8: Gesellschaftsbezogene Ergebnisse

- 8a Wahrnehmungen
- 8b Leistungsindikatoren

Kriterium 9: Schlüsselergebnisse

- 9a Strategische Schlüsselergebnisse
- 9b Schlüsselleistungsindikatoren

Erläuterung: In den Unterkriterien 6a, 7a, 8a werden die Rückmeldungen der jeweiligen Gruppen betrachtet (z. B. Ergebnisse von Kunden- und Mitarbeiterbefragungen, Image der Organisation in der Gesellschaft).

Die in den Unterkriterien 6b, 7b, 8b betrachteten Leistungsindikatoren sind Parameter, die die Organisation selbst messen kann (z. B. Anzahl Reklamationen, Kundenbindung, Krankenstände, Kündigungsquoten).

Analog werden in Unterkriterium 9a die wichtigsten Geschäftsergebnisse betrachtet, während Schlüsselleistungsindikatoren unternehmensinterne Parameter sind. Als Beispiel sei die „Time to Market" genannt, also die Zeit, die gebraucht wird, um ein neues Produkt umsatzwirksam zu machen.

3.4.4 Bewertung mit der RADAR-Logik

Die im EFQM-Modell enthaltene RADAR-Logik ist eine systematische Methode, mit der jedes Unterkriterium des Modells bewertet wird, indem Punktzahlen zugewiesen werden. Diese werden zu Punktzahlen des Kriteriums und unter Beachtung der Gewichtung der

RADAR-Bewertungsmatrix für Ergebnisse						Kriterium:	6a	
Element	Attribut		0-10	15-35	40-60	65-85	90-100	Bewertung
Ergebnisse	Trends	Trends sind positiv und/oder es liegt eine gute Leistung über einen längeren Zeitraum vor	keine Ergebnisse oder anekdotische Angaben	Positive Trends und/oder befriedigende Leistungen bei einigen Ergebnissen	positive Trends und/oder nachhaltig gute Leistungen bei vielen Ergebnissen über mindestens 3 Jahre	Deutlich positive Trends und/oder nachhaltig exzellente Leistungen bei den meisten Ergebnissen über mindestens 3 Jahre	Deutlich positive Trends und/oder nachhaltig exzellente Leistungen in allen Bereichen über mindestens 5 Jahre	25
	Ziele	Ziele werden erreicht, Ziele sind angemessen	keine Ergebnisse oder anekdotische Angaben	Günstig und angemessen in einigen Bereichen	Günstig und angemessen in vielen Bereichen	Günstig und angemessen in den meisten Bereichen	Exzellent und angemessen in den meisten Bereichen	27
	Vergleiche	Vergleiche mit externen Organisationen finden statt und ergebnisse fallen im Vergleich mit Industriedurchschnitt oder Klassenbesten positiv aus	keine Ergebnisse oder anekdotische Angaben	Vergleiche in einigen Bereichen	Günstig in einigen Bereichen	Günstig in vielen Bereichen	Exzellent in den meisten Bereichen und Klassenbester in vielen Bereichen	9
	Ursachen	Ergebnisse sind auf das Vorgehen zurückzuführen	keine Ergebnisse oder anekdotische Angaben	Einige Ergebnisse	Viele Ergebnisse	Die meisten Ergebnisse	Alle Ergebnisse; Spitzenposition wird beibehalten	4
	Total							16,25
	Umfang	Die Ergebnisse behandeln die relevanten Bereiche	keine Ergebnisse oder anekdotische Angaben	Einige Bereiche behandelt	Viele Bereiche behandelt	Die meisten Bereiche behandelt	Alle Bereiche behandelt	
Ergebnisse								52
	Total							52
Gesamttotal Teil-Kriterium								34,125

Abb. 3.11 RADAR-Bewertungsmatrix Kriterium 6a (Beispiel)

Kriterien zu einem Gesamtwert verdichtet, der die erreichte Exzellenz der Organisation beschreibt. Sie bildet somit die Basis der Bewertung der Organisation nach dem EFQM-Modell (insbesondere auch bei einer Bewerbung um den EQA). Die Durchführung der RADAR-Bewertung über mehrere Jahre zeigt die Weiterentwicklung einer Organisation in Richtung Exzellenz.

Die RADAR-Logik folgt dem EFQM-Zyklus (Abb. 3.11) und damit dem Deming-Zyklus des PDCA:

Ergebnisse (**R**esults) → Vorgehen (**A**pproach) → Umsetzung (**D**eployment) → Bewertung (**A**ssessment) und Verbesserung (**R**efinement).

Befähiger und Ergebnis-Kriterien werden mit inhaltlich unterschiedlichen Bewertungsmatrizen untersucht:

Ergebnis-Kriterien: Bewertungsmatrix „Ergebnisse", s. Abb. 3.11

Befähiger-Kriterien: Bewertungsmatrix „Approach-Deployment-Assessment-Refinement", s. Abb. 3.12

Die erreichten Punktzahlen pro Kriterium werden mit den maximal erreichbaren Punkten verglichen. Daraus ergibt sich ein Überblick über die Exzellenz der Organisation. Insbesondere wird klar, in welchen Kriterien die Organisation bereits nahe an der Exzellenz liegt, und wo Nachholbedarf besteht, d. h. wo im nächsten Zyklus Schwerpunkte zu setzen sind.

Die Organisation in dem fiktiven Beispiel in Abb. 3.13 hat einen Exzellenzgrad von 764 erreichten von 1000 möglichen Punkten. Insbesondere besteht Verbesserungsbedarf in den Kriterien Führung (1), Kundenbezogene Ergebnisse (6), Gesellschaftsbezogene Ergebnisse (8) und Schlüsselergebnisse (9).

RADAR-Bewertungsmatrix für Befähiger						Kriterium:	1a		
Element	Attribut		0-10	15-35	40-60	65-85	90-100	Bewertung
Vorgehen	Fundiert	Vorgehen ist klar begründet, es liegen wohldefinierte und gestaltete Prozesse vor, das Vorgehen ist auf die Interessengruppen ausgerichtet	kein Nachweis oder anekdotisch	einige Nachweise	Nachweise	klarer Nachweis	umfassender Nachweis	25
	Integriert	Vorgehen unterstützt Politik und Strategie, und ist mit anderen Vorgehensweisen verknüpft, wo es zweckmäßig ist	kein Nachweis oder anekdotisch	einige Nachweise	Nachweise	klarer Nachweis	umfassender Nachweis	27
	Total							26
Umsetzung	eingeführt	Vorgehen ist eingeführt	kein Nachweis oder anekdotisch	einige Nachweise	Nachweise	klarer Nachweis	umfassender Nachweis	52
	systematisch	Vorgehen ist auf strukturierte Art und Weise umgesetzt	kein Nachweis oder anekdotisch	einige Nachweise	Nachweise	klarer Nachweis	umfassender Nachweis	7
	Total							29,5
Bewertung	Messung	Regelmäßige Messung der Effektivität	kein Nachweis oder anekdotisch	einige Nachweise	Nachweise	klarer Nachweis	umfassender Nachweis	12
	Lernen	Lernorientierte Aktivitäten werden verwendet, um beste Praktiken und verbesserungsmöglichkeiten zu identifizieren	kein Nachweis oder anekdotisch	einige Nachweise	Nachweise	klarer Nachweis	umfassender Nachweis	42
	Verbesserung	Verbesserungen werden anhand von Messungen und Lernergebnissen identifiziert, geplant und eingeführt	kein Nachweis oder anekdotisch	einige Nachweise	Nachweise	klarer Nachweis	umfassender Nachweis	43
	Total							32,3333333
Gesamttotal Teil-Kriterium								29,2778

Abb. 3.12 RADAR-Bewertungsmatrix Kriterium 1a (Beispiel)

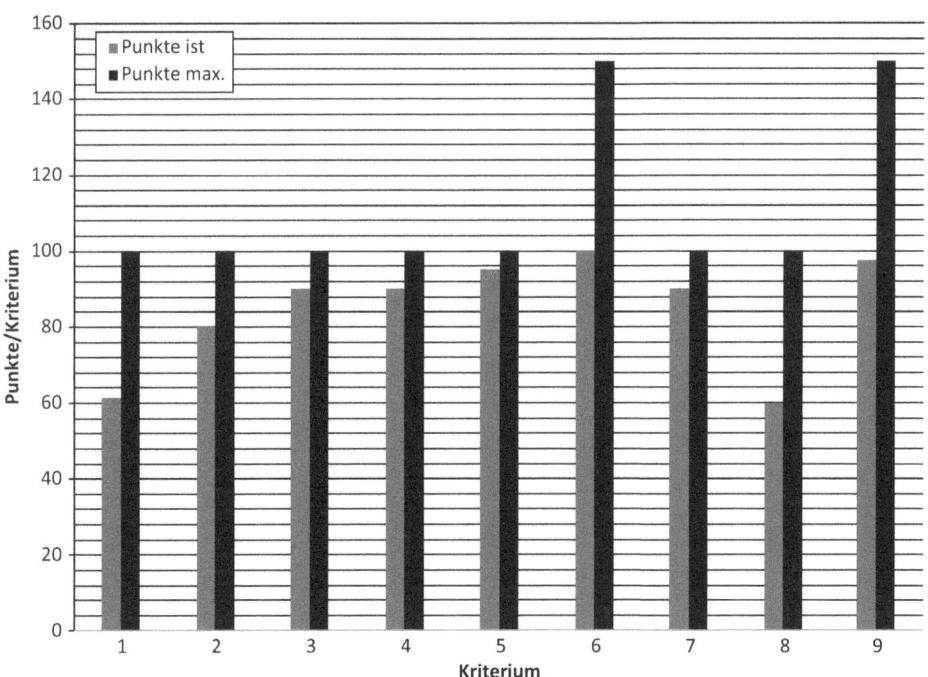

Abb. 3.13 RADAR-Bewertungsergebnis (fiktives Beispiel)

3.5   Qualitäts-Organisation

Zum Betreiben eines QMS sind, wie für jede andere Aufgabenstellung in einem Unternehmen, Ressourcen notwendig. Diese Ressourcen werden in der Qualitätsorganisation des Unternehmens ausgewiesen.

Die in der Qualitätsorganisation des Unternehmens tätigen Mitarbeiter unterstützen die Leitung beim Betreiben des QMS.

Die Unternehmensleitung definiert Aufgaben und organisatorische Einbindung der Qualitätsmitarbeiter. Sie legt den Ressourcenbedarf für die Qualitäts-Organisation fest.

Kernaufgaben Die Kernaufgabe der Qualitäts-Organisation ist die Unterstützung der Unternehmensleitung beim Betreiben des QM:

- Ausgestalten und dokumentieren des QMS nach den Vorgaben der Unternehmensleitung entsprechend Kap. 2 und Kap. 3
- Bereitstellen von Kommunikationsstrukturen und Informationen zur Qualitätsförderung im Unternehmen (Kap. 4)
- Bereitstellen der Berichterstattung für das Qualitätscontrolling des Unternehmens (Kap. 5), Analyse der Ergebnisse und Vorschläge für abgeleitete Maßnahmen (Oft werden interne Auditoren der Qualitätsorganisation zugeordnet.)
- Unterstützung bei allen KVP-Aktivitäten des Unternehmens (Kap. 6)
- Bereitstellen von QM-Methoden, Werkzeugen und Prozessen (Kap. 7)
- Operative Aufgaben: Unterstützung bei der Bewertung technischer Risiken, Pflege von Kundenkontakten etc. nach Maßgabe der Unternehmensleitung

Erläuterung: Der manchmal gefundene Terminus „Anwalt des Kunden im Unternehmen" ist zwar aus meiner Sicht übertrieben, beschreibt aber eine wichtige Aufgabe für die Qualitätsorganisation, wenn sie abgestimmt mit insbesondere dem Marketing wahrgenommen wird.

Zugeordnete Aufgaben Häufig werden der Qualitätsorganisation zusätzliche Aufgaben wie Betreiben von Kalibrierstellen, Zuverlässigkeitslabors, Fehleranalyse-Abteilungen und Dokumentationsstellen zugeordnet. Diese Aufgaben sind nicht notwendigerweise in einer Qualitätsabteilung anzusiedeln, dort aber aus Synergiegründen gut aufgehoben.

Organisatorische Einbindung Das Betreiben des QM als Führungsaufgabe erfordert, dass die Qualitätsorganisation als hierzu unterstützende Ressource direkt an die Unternehmensleitung angebunden ist. Je nach Größe und Organisationsstruktur des Unternehmens ist die konkrete Ausgestaltung unterschiedlich.

In kleinen Unternehmen kann die Aufgabenstellung durch einen QMB (Qualitätsmanagement-Beauftragten) wahrgenommen werden, dem auch weitere „Stabsaufgaben" wie die Position des Sicherheits- oder Umweltschutzbeauftragten übertragen werden können.

In sehr großen Unternehmen mit mehreren als Profit-Center agierenden Unternehmensbereichen wird jeder dieser Bereiche seine eigene Qualitätsabteilung betreiben. Eine an die Gesamtleitung des Unternehms berichtende Unternehmens-Qualitätsabteilung sorgt für die Synchronisierung der einzelnen Bereichs-Qualitätsabteilungen.

Grundsatz: Dieser komplexe Fall bedarf klarer Regeln: Berichtet die Bereichs-Qualitätsabteilung an die Bereichsleitung, die Unternehmens-Qualitäts-Abteilung oder gar an die Unternehmensleitung? Dies beinhaltet auch die Leistungsbeurteilung und Gehaltsfindung der Mitarbeiter in den Qualitätsabteilungen.

Wichtiger Grundsatz: Die Aufgabenstellung in der Qualitätsorganisation eines Unternehmens erfordert eine möglichst große Unabhängigkeit innerhalb des Unternehmens. Die direkte Anbindung an die Unternehmensleitung (bzw. Bereichsleitung) ist aus meiner Erfahrung daher unbedingt erforderlich. Modelle, bei denen die Qualitätsabteilung z. B. als Teil der Produktion ausgewiesen ist, funktionieren nur bei ausgeprägter Selbstlosigkeit und großer Qualitätsorientierung der Beteiligten. Dies gilt übrigens auch im Falle des oben beschriebenen QMB in einem kleineren Unternehmen.

Gestaltung zwischenmenschlicher Beziehungen 4

Dieses relativ kurze, jedoch essentielle Kapitel befasst sich damit, wie Sie als Unternehmer oder leitender Angestellter alle Mitarbeiter des Unternehmens davon überzeugen, dass Sie selbst von der Bedeutung der Qualität für das Unternehmen überzeugt sind und jeder Mitarbeiter des Unternehmens zur Qualität beitragen kann und muss.

Die hierzu notwendigen Verhaltensweisen und Aufgaben lassen sich in die vier Bereiche gliedern:

1. Förderung des QM durch persönliches Vorleben
2. Schaffung und Nutzung geeigneter Informationsstrukturen
3. Motivation und Einbeziehung aller Mitarbeiter des Unternehmens
4. Direkte Kommunikation mit den Kunden

4.1 Förderung des QM durch persönliches Vorleben

Wie schon mehrfach betont, müssen sich Führungskräfte kontinuierlich mit QM beschäftigen. Ein Einsetzen eines QMB oder der Aufbau einer Qualitätsabteilung sind dafür notwendig aber bei Weitem nicht ausreichend.

(Letztendlich geht es in dem gesamten vorliegenden Buch nur **darum**)

Die Führungskräfte des Unternehmens müssen sich aktiv in Definition und Planung (Kap. 3), Aufbau des QMS (Kap. 4), Controlling (Kap. 5) und KVP (Kap. 6)

engagieren. Das QMS und alle damit verbundenen Prozesse und Strukturen müssen die Handschrift der Leitung erkennen lassen.

Entscheidungen wie z. B. die Einführung von TQM müssen nachvollziehbar sein.

Es folgen beispielhaft einige konkrete Handlungsvorschläge:

E. Müller, *Qualitätsmanagement für Unternehmer und Führungskräfte*, DOI 10.1007/978-3-642-41002-4_4, © Springer-Verlag Berlin Heidelberg 2014

- Überlassen Sie die Entscheidungen über die Struktur des QMS nicht allein den Qualitätsexperten, sondern gestalten Sie selbst. Beziehen Sie auch Vertreter anderer Unternehmensbereiche in diesen Entscheidungsprozess mit ein (Marketing, Entwicklung, Produktion, Finanzwesen).
- Überzeugen Sie sich in regelmäßigen Abständen von der Schlagkraft Ihres QMS (vgl. DIN EN ISO 9001 Abschn. 5.6 „Managementbewertung").
- Verfolgen Sie persönlich die qualitätsrelevanten Kennzahlen, fordern Sie notwendige Maßnahmen ein und verfolgen Sie diese.
- Erwerben und nutzen Sie ein breites Wissen über Grundlagen, Modelle und Methoden des QM; dazu hilft ihnen das Kap. 7 diese Buches.
- Nehmen Sie persönlich an Schulungsmaßnahmen zum QM teil (wenn Sie eine Zertifizierung nach DIN EN ISO 9001 anstreben, werden Sie vom Zertifizierer danach gefragt).
- Nehmen Sie an Qualitätsgesprächen mit Ihren Kunden teil.
- Führen Sie Informationsveranstaltungen zum QM persönlich durch; laden Sie Kunden dazu ein.

4.2   Schaffung und Nutzung geeigneter Informationsstrukturen

Eine wichtige Voraussetzung für die Motivation der Mitarbeiter ist eine möglichst umfassende Information. Hier ist nicht die für die tägliche Arbeit notwendige Datenversorgung gemeint, sondern der Gesamtüberblick über aktuellen Zustand und Zukunft des Unternehmens. Dies beinhaltet neben betriebswirtschaftlichen Daten, der Marktsituation, Entwicklungsprojekten auch die Qualitätslage des Unternehmens: Wichtige Daten aus dem QM-Controlling, Informationen über die Kundenzufriedenheit, über Qualitätsprogramme und aktuelle Qualitätsprobleme müssen den Mitarbeitern zugänglich gemacht werden. Die Verantwortung jedes einzelnen Mitarbeiters und sein Beitrag zur Unternehmensqualität müssen hier klar formuliert werden.

Dazu müssen Strukturen geschaffen und genutzt werden, über die alle Mitarbeiter des Unternehmens erreicht werden. Mögliche Informationsstrukturen sind:

- Mitarbeiterversammlungen auf verschiedenen Organisationsebenen
- Intranet
- Unternehmenszeitschrift („Mitarbeiterzeitschrift")
- Aushänge, Schwarze Bretter, Poster. . . .

Diese Strukturen müssen die Führungskräfte geeignet schaffen und auch persönlich nutzen.

4.3   Motivation und Einbeziehung aller Mitarbeiter

Neben der Motivation durch Information (Kap. 4.2) und der Schaffung geeigneter KVP-Strukturen (Kap. 6) gibt es eine Anzahl weiterer Maßnahmen,
die geeignet sind, die Mitarbeitermotivation zu fördern:

- Einbeziehung der Leistungen zur Qualitätsverbesserung und des Qualitätsbewusstseins der Mitarbeiter in die persönliche Leistungsbewertung
- Sondermaßnahmen wie z. B. Prämien für besondere Leistungen zur Qualitätsverbesserung
- Schaffung interner Qualitätspreise und Auszeichnungen (Qualitäts-Mitarbeiter des Monats, Team des Monats,. . .)
- Teilnahme des Unternehmens an externen Qualitätswettbewerben (z. B. EQA-Award, Ludwig-Erhard-Preis).

Auch hier obliegt die Entscheidung der Unternehmensführung.

4.4   Direkte Kommunikation mit den Kunden

Die Gestaltung zwischenmenschlicher Beziehungen beschränkt sich natürlich nicht auf die Beziehungen innerhalb des Unternehmens. Die Unternehmensleitung hat auch die Aufgabe, im direkten Kontakt mit den Kunden Anforderungen und Kundenzufriedenheit zu erforschen. Zu beachten ist, dass hier der in Kap. 1 erläuterte erweiterte Kundenbegriff gilt, der insbesondere auch den Gesetzgeber und die Gesellschaft, sogar die Mitbewerber umfasst.

Controlling

5

Die Unternehmensleitung muss sich in regelmäßigen Abständen über die Qualitätslage des Unternehmens informieren, um Zielabweichungen rechtzeitig zu erkennen und Gegenmaßnahmen einleiten zu können.

Dies erfordert das Installieren geeigneter Controlling-Prozesse, sowie eine festzulegende Review-Struktur.

Controlling-Prozesse (Kap. 5.1–5.4) Die Controlling-Prozesse müssen beinhalten:

- Aufbau und Verfolgen eines Kennzahlengerüstes, das durch interne Daten Aufschluss über Qualität von Produkten und Prozessen des Unternehmens gibt. Die qualitätsrelevanten Daten sollten Teil des KPI- Systems des Unternehmens sein, und in der Balanced Scorecard des Unternehmens erscheinen. Im TQM-Modell könnten diese Parameter als Leistungsindikatoren dienen.
- Regelmäßige interne Audits und Managementbewertungen zur Überprüfung von Effektivität und Effizienz des QMS des Unternehmens.
- Messung der Kundenzufriedenheit.
- Zusammenführung von Kundenrückmeldungen wie Kundenaudits, Reklamationen, Lieferantenbewertungen sowie Zertifizierungen (externe Daten).

Reviewstruktur Die Unternehmensleitung muss festlegen, in welcher Form Informationen über die Qualitätslage an die Leitung übermittelt werden und in welcher Form diese von der Leitung des Unternehmens verarbeitet werden. Das Lesen eines monatlichen Qualitätsberichtes ist dafür eindeutig nicht ausreichend. Die Situation des QM im Unternehmen muss Teil der regelmäßigen Management-Meetings sein. Eine separate „Qualitätsdurchsprache" ist eine Alternative. Sie hat aber den Nachteil, dass die Vertreter anderer Unternehmensbereiche nicht direkt informiert und eingebunden werden.

Die Berichterstattung als Grundlage der Durchsprache ist Kernaufgabe der QM-Organisation des Unternehmens. Sie legt in Abstimmung mit der Unternehmensleitung

E. Müller, *Qualitätsmanagement für Unternehmer und Führungskräfte*,
DOI 10.1007/978-3-642-41002-4_5, © Springer-Verlag Berlin Heidelberg 2014

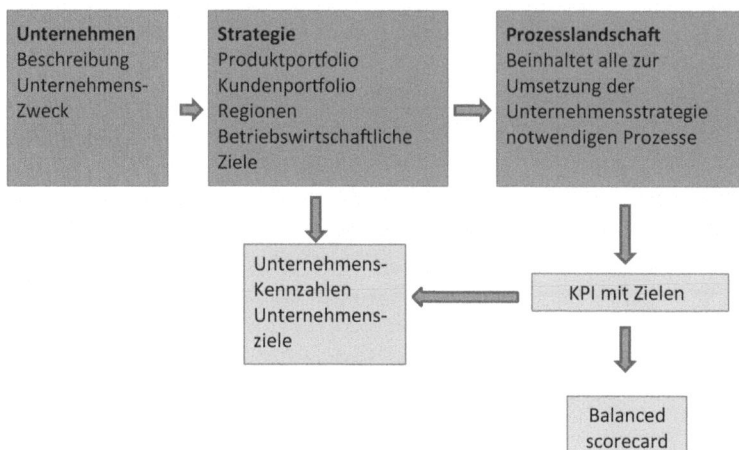

Abb. 5.1 Key Performance Indicator

die zu berichtenden Informationen fest, bereitet die Daten auf, recherchiert Ursachen von Auffälligkeiten und Abweichungen und bereitet Handlungsvorschläge für die Leitung vor.

5.1 Interne Kennzahlen

Die Unternehmensleitung muss aus den übergeordneten Strategien und Zielen des Unternehmens eine hierarchisch aufgebaute Anordnung von Zielen und Teilzielen festlegen, die alle notwendigen Aktivitäten des Unternehmens vollständig abbilden. Die Ziele der obersten Ebene werden von der Unternehmensleitung permanent auf Abweichungen überprüft. Als Controlling-Instrument ist die Balanced Score Card (BSC) zu empfehlen, die im Kap. 5.6 vorgestellt wird.

Die Ziel-und Controllingparameter der benötigten Prozesse sind die KPI (Key Performance Indicator):

- KPI beschreiben den Prozess bezüglich seiner Effektivität, Effizienz und Qualität.
- KPI zeigen empfindlich Veränderungen des Prozesses und dienen als Grundlage für KVP-Aktivitäten.
- KPI sind messbar.
- KPI haben Zielwerte; diese sind Teilziele der Unternehmensziele.
- Die Erreichung aller KPI-Ziele resultiert in der Erreichung der Unternehmensziele.
- Das Set der KPI muss auf Vollständigkeit und Konsistenz bez. der Unternehmensziele überprüft werden

In Abb. 5.1 ist dargestellt, wie sich die KPI der Prozesse von den strategischen Zielen des Unternehmens ableiten lassen.

Aus Sicht der in diesem Buch beschriebenen Aufgaben der Unternehmensleitung geht es also darum, ein Kennzahlengerüst („Zielbaum") für die Qualitätsziele, die in der Qualitätspolitik festgeschrieben sind, festzulegen und mit Hilfe der BSC zu verfolgen.

Wichtige interne Parameter zur Beschreibung der Qualitätslage des Unternehmens sind die Anzahl logistischer und technischer Probleme, Ausfallanteile in Produktprüfungen und Zuverlässigkeitsmonitorings, Anzahl nicht fähiger Fertigungsprozesse ($cpk < 1,33$, s. Kap. 7.2.3). Alle diese Daten werden auch in anderen Teilen des Unternehmens benötigt.

5.2 Qualitätskosten-Berichterstattung

Die Bewertung der Qualitätskosten eines Unternehmens ist eine wichtige Grundlage für die strategische Ausrichtung. Sie zeigt, ob die Balance zwischen Kosten für Fehlerverhütung und Fehlerkosten gegeben ist. Dabei ist zu beachten, dass Umsatzverluste durch Qualitätsprobleme meist nicht oder nur schwer zu berechnen sind. Die sich aus dem berechneten Kostenminimum ergebenden Fehlerverhütungskosten sind daher eher als Untergrenze zu interpretieren.Trotz dieser Einschränkung sollten die Qualitätskosten in das Unternehmenscontrolling (z. B. in der Balanced Score Card) aufgenommen werden.

Ermittlung der Qualitätskosten Die Qualitätskosten werden aufgeteilt in die drei Kategorien:

- Fehlerverhütungskosten
- Prüfkosten
- Fehlerkosten.

(Daneben findet man die „modernere" Aufteilung in

- Kosten für Übereinstimmung
- Kosten für Abweichung,

die aber keine neuen Aspekte in die Betrachtung einbringt).

- Fehlerverhütungskosten
  Sie umfassen die Kosten für alle Maßnahmen der Qualitätslenkung, die ja dazu dienen, die Qualität sicherzustellen. Zu nennen sind beispielhaft: Kosten für Schulungsmaßnahmen, vorbeugende Wartung, Prüfmittelüberwachung, Risikobewertungen, Absicherung von Fertigungsänderungen, interne Audits, Lieferantenbeurteilung. Zu berücksichtigen sind hier auch Produktivitätsverluste insbesondere in der Produktion durch Anlagenüberprüfung und vorbeugende Wartung (siehe oben), oft als „scheduled down"-Anteil der Kapazität zusammengefasst.

- Prüfkosten
  Sie umfassen die Kosten für alle Prüfungen, die sicherstellen sollen, dass das Produkt die Anforderungen des Kunden erfüllt, also fehlerfrei ist. Dazu gehören Eingangsprüfungen, Zwischenprüfungen und Endprüfungen.
- Fehlerkosten
  Sie umfassen alle Kosten, die durch Fehler (also die Nichterfüllung einer oder mehrerer Qualitätsanforderungen) entstehen. Man unterscheidet meist zwischen internen Fehlerkosten (Kosten durch Verwurf, Nacharbeit, Sonderbehandlung von Produkten, Produktionsverlust durch fehlerverursachten Anlagenstillstand) und externen Fehlerkosten (Kosten für Gewährleistung, Garantie, Ersatz, Kulanz).
  Die Fehlerverhütungs- und Prüfkosten lassen sich leicht ermitteln, da sie im Rahmen der Kostenrechnung des Unternehmens bereits vorliegen. Die Aufgabe beschränkt sich hier darauf, die Kostenstruktur des Unternehmens als Grundlage zu benutzen und die Kosten den entsprechenden Kategorien zuzuordnen.
  Interne Fehlerkosten sollten auf jeden Fall ermittelt werden, da sie einen relevanten Anteil der Gesamtkosten darstellen. Externe Fehlerkosten können im Rahmen des Reklamations- und Beschwerdemanagements ermittelt werden.

Interpretation der Qualitätskosten Mit steigenden Aufwänden für die Fehlerverhütung sollten die Fehler weniger werden und daher die Fehlerkosten abnehmen. Abbildung 5.2 zeigt die übliche Darstellung hierzu: Auf der x-Achse ist das Qualitätsniveau aufgetragen.

Aufgrund der gegenläufigen Bewegungen der Qualitätskosten-Arten ergibt sich ein Kostenminimum: links von dem Minimum wird zuwenig für die Fehlerverhütung getan, rechts davon „zuviel".

Erläuterung: Natürlich ist die Grafik nicht so zu interpretieren, dass durch besseres Qualitätsniveau die Fehlerverhütungskosten steigen, sondern der Kausalzusammenhang ist umgekehrt!

Wichtiger Grundsatz: Die Fehlerkosten enthalten (meist) keinen Anteil, der Verluste von Kunden und Marktanteilen durch Qualitätsprobleme enthält. Die Fehlerkosten sind daher insgesamt höher, als in der Grafik ausgewiesen. Der Punkt minimaler Gesamtkosten liegt daher rechts von dem in der Grafik sichtbaren. Dies wiederum bedeutet, dass die an diesem Punkt ermittelten „notwendigen" Kosten für die Fehlerverhütung eine **untere Grenze** darstellen.

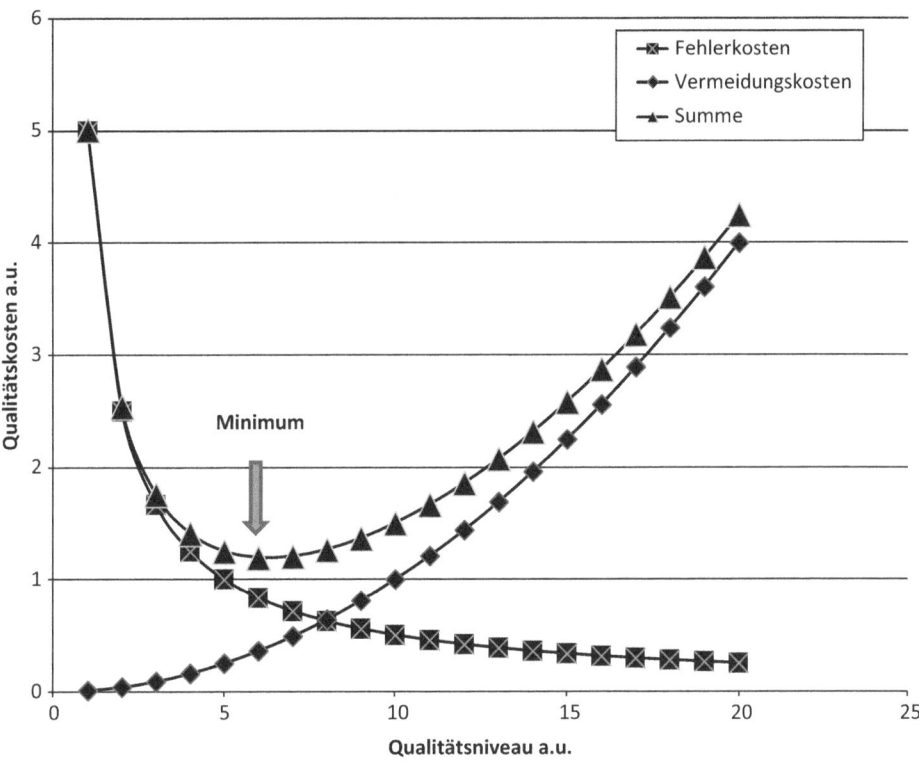

Abb. 5.2 Qualitätskosten

5.3 Interne Audits und Managementbewertung

5.3.1 Zielsetzung und Überblick

Die Unternehmensleitung muss das QMS des Unternehmens nicht nur einführen (Kap. 3), sondern sich auch regelmäßig von der Eignung des QMS überzeugen, sowie Verbesserungs- und Korrekturmaßnahmen anstoßen. Der dazu benötigte Prozess ist der des Audits.

QM-Audit Ein QM-Audit ist nach DIN EN ISO 8402 „eine systematische und unabhängige Untersuchung, um festzustellen, ob die qualitätsbezogenen Tätigkeiten und damit zusammenhängenden Ergebnisse den geplanten Anordnungen entsprechen, und ob diese Anordnungen tatsächlich verwirklicht und geeignet sind, die Ziele zu erreichen".

Unter „Anordnungen" sind hier die Regelungen, Prozesse und Vorschriften zu verstehen, die das QMS des Unternehmens bilden und im QM-Handbuch zusammengefasst sind.

Man unterscheidet:

- Internes QM-Audit: die Organisation führt eine Bewertung ihres QMS durch und hat dafür geschultes und autorisiertes Personal.
- QM-Audit durch Kunden: der Kunde überzeugt sich von der Leistungsfähigkeit des QMS und damit von der zu erwartenden Qualität der Produkte. Ergebnisse von QM-Audits durch Kunden haben starken Einfluss auf die Geschäftsbeziehungen zwischen Kunden und Lieferanten. Schlechte Ergebnisse können zu temporärem oder gar komplettem Abbruch der Geschäftsbeziehungen führen!

Zertifizierung Die Zertifizierung bedient sich im Wesentlichen derselben Methoden wie das QM-Audit. Jedoch überprüft hier eine neutrale Stelle (z. B. TÜV, DEKRA, DNV) das QMS und erteilt ein Zertifikat. Üblicherweise erfolgt die Überprüfung auf der Basis der Norm DIN EN ISO 9001 (s. Kap. 3.1) oder weiterer branchenspezifischer davon abgeleiteter Normen (z. B. ISO/TS 16949 für die Automobilindustrie). Viele Kunden verlangen eine gültige Zertifizierung als Voraussetzung für eine Geschäftsbeziehung.

Ein Zertifikat wird für einen Zeitraum von drei Jahren ausgestellt. Dabei ist eine jährliche Statusüberprüfung durch die zertifizierende Stelle vorgeschrieben.

Im Rahmen des in diesem Kapitel besprochenen QM-Controllings liegt der Schwerpunkt auf dem internen QM-Audit.

QM-Audit: Beschreibung Die Methode beruht darauf, dass autorisiertes, unabhängiges Fachpersonal anhand vorbereiteter Checklisten das QMS des gesamten Unternehmens stichprobenartig überprüft. Audits werden in Form von Besuchen der auditierten Einheiten durchgeführt. Es ist durch eine Auditplanung sicherzustellen, dass alle Organisationseinheiten erfasst werden. Bei erkennbarer Prozessorientierung kann die Auditplanung auch entsprechend der Prozesslandschaft des Unternehmens aufgebaut werden (s. Kap. 3.3).

Bei der Auditierung wird in zwei Schritten vorgegangen:

Schritt 1: Überprüfung, ob die im QMS enthaltenen Regelungen vollständig und sinnvoll sind. Dies kann teilweise auch im Vorfeld des eigentlichen Audits anhand übermittelter Unterlagen durchgeführt werden.

Schritt 2: Überprüfung, ob die Regelungen Anwendung finden. Abweichungen müssen Korrekturmaßnahmen nach sich ziehen. Zusätzlich können Hinweise für Verbesserungen gegeben werden und positive Ergebnisse als „best practise" ausgewiesen werden.

5.3.2 Wichtige Gesichtspunkte

Es empfiehlt sich, einen Geschäftsprozess „Durchführung interner Audits" zu beschreiben und einzuführen. Da der Prozess relativ einfach ist, kann die Prozessbeschreibung auch als Pilotprojekt für Unternehmen dienen, die mit dem Prozessmanagement-Ansatz gerade beginnen.

- Der Auditplan des Unternehmens muss pro Auditperiode (im Allgemeinen pro Jahr) das komplette Unternehmen abdecken. Es ist festzulegen, ob der Auditplan nach der Organisation des Unternehmens oder, falls vorhanden, nach der Prozesslandschaft des Unternehmens strukturiert wird.
- Ungeplante Audits sind nach Maßgabe der Leitung durchzuführen. Sie sind insbesondere eine geeignete Methode, um die Ursachen größerer Qualitätsprobleme zu finden.
- Die für die Durchführung der internen Audits benötigten Ressourcen sind bereitzustellen. Die organisatorische Einbindung (z. B. in der Qualitätsabteilung oder als Stabsstelle mit direkter Anbindung an die Leitung) ist festzulegen. Dabei muss das Unabhängigkeitsprinzip berücksichtigt werden. Ein besonders wichtiger Aspekt ist hier die Wahl der richtigen Persönlichkeit der Auditoren. Eine Aufgabe, die darin besteht, Schwachstellen und Verbesserungspotentiale bei Anderen zu finden, erfordert eine besonders ausgeprägte Fähigkeit, mit Menschen positiv zusammenzuarbeiten. Keinesfalls dürfen interne Auditoren als interne „Polizisten" oder als „Erbsenzähler" auftreten. Die Leitung muss Auftrag und Aufgabe der internen Auditoren transparent machen.
- Die Auditoren sind entsprechend auszubilden. Eventuell kann auch auf externe Berater zurückgegriffen werden.
- Die Audits sind mit Audit-Checklisten vorzubereiten. Als Grundlagen dafür sind Quellen wie Informationen aus den auditierten Bereichen, das QM-Handbuch des Unternehmens u. Ä. zu nutzen. Wenn das Unternehmen die Zertifizierung nach DIN EN ISO9001:2008 besitzt oder anstrebt, ist natürlich diese Norm eine wichtige Quelle. Da jedes Audit den jeweiligen Bereich nur stichprobenartig zu beleuchten vermag, sind inhaltliche Schwerpunkte notwendig. Über mehrere Audit-Zyklen hinweg muss jedoch das gesamte QMS untersucht werden. Schwerpunkte können von der Leitung vorgegeben werden. Neben der reinen Auditierung des QMS kann diese auch andere Aspekte, wie z. B. betriebswirtschaftliche untersuchen lassen.
- Die im Unternehmen erarbeiteten Audit-Ergebnisse sind zu einem Gesamtbericht zu konsolidieren, um unternehmensübergreifende Probleme oder Verbesserungspotentiale zu erkennen. Audit-Berichte sollten neben gefundenen Abweichungen auch Vorschläge für Verbesserungen und die Würdigung besonders gut beschriebener oder realisierter Teile des QMS enthalten. Letztere können dann auf das gesamte Unternehmen übertragen werden („best practise sharing").
- Die Ergebnisse der einzelnen Audits müssen mit den betroffenen Bereichen durchgesprochen werden. Mit diesen sind auch die zu treffenden Maßnahmen abzustimmen.
- Der Leitung ist die Zusammenfassung aller Audit-Ergebnisse mit entsprechenden Schlussfolgerungen vorzulegen. Die Leitung entscheidet über unternehmensweit durchzuführende Maßnahmen.

System-Selbstbewertung Alternativ zum internen Audit wird in manchen Unternehmen die System-Selbstbewertung durchgeführt. Hier bewerten die Unternehmensbereiche selbst die Umsetzung und Effektivität des QMS. Dazu dient ein von einer zentralen Stelle erarbeiteter Fragenkatalog. Die Zentralstelle gibt auch Hilfestellung bei der Durchführung und ist verantwortlich für die unternehmensweite Auswertung, die der Unternehmensleitung anstelle des konsolidierten Audit-Berichtes vorzulegen ist. Der Vorteil liegt insbesondere darin, dass alle Teile des QMS flächendeckend untersucht werden. Zusätzlich führt die zentrale Einheit stichprobenartig interne Bestätigungsaudits durch. Im Falle einer Zertifizierung sollte im Vorfeld mit der Zertifizierungsstelle abgestimmt werden, ob diese die System-Selbstbewertung als Ersatz für das interne Audit akzeptiert.

5.4   Ermittlung der Kundenzufriedenheit

Den unternehmensinternen Daten und Informationen ist die direkte Befragung des Kunden gegenüberzustellen. Da Qualität ja „nur" dazu da ist, die Zufriedenheit des Kunden zu erreichen und zu erhalten, ist das Wissen um eben diese Zufriedenheit die entscheidende Kerninformation zur Bewertung der Qualität des Unternehmens.

Bei der Ermittlung der Kundenzufriedenheit kommen alle Methoden und Quellen zur Anwendung, die in Kap. 3.2.1 beschrieben wurden. Der Unterschied ist das Ziel der Untersuchung:

In Kap. 3.2 wird dargestellt, wie die Anforderungen des Kunden an ein **neues Produkt** ermittelt werden, hier ist das Ziel die Ermittlung der Zufriedenheit des Kunden mit einem **in Gebrauch stehenden Produkt**.

Die Kundenbefragung ist die wichtigste Methode der Primärforschung zur Ermittlung der Kundenzufriedenheit und wird hier vorgestellt.

Kundenbefragung Die Kundenbefragung lässt sich einteilen in:

- Vorbereitungsphase
- Durchführungsphase
- Analysephase

Vorbereitungsphase In der Vorbereitungsphase werden folgende Punkte bearbeitet:

- Festlegen von Ziel und Gegenstand der Befragung: welche Produkte, welche Produkteigenschaften, andere Parameter (z. B. Image des Unternehmens in der Öffentlichkeit),...
- Festlegen der Zielgruppen, die befragt werden sollen, Festlegen der Stichprobenumfänge.
- Festlegen der Befragungsform: persönliches Interview, Briefaktion, Telefonbefragung, e-mail-Aktion...

- Erstellung des Fragebogens
  - Offene Fragen oder geschlossene Fragen mit Bewertungsskala
  - Formulierung der Fragen
  - Abfrage formulieren: Bedeutung der in den Fragen adressierten Themen für den Kunden
  - als „Quercheck": Wahrscheinlichkeit der Weiterempfehlung des Produktes abfragen (Verwendung der NPS-Skala: Net Promoter Score Skala 0...10; 0–6: Kunde ist unzufrieden, 9–10: Kunde ist zufrieden)
- Festlegen der Auswertemethodik
  insbesondere sinnvoll bei geschlossenen Fragen: z. B. Mittelwerte und Standardabweichungen der Ergebnisse der Einzelfragen, Verdichtung (Ergebnisse mehrerer Fragen), Segmentierung nach Produkt, Kundenkreis, geografisch..., grafische Aufbereitung, Korrelationen zwischen Ergebnissen der Fragen, Pareto-Analysen etc.

Durchführungsphase

- Verschicken des Fragebogens (mit Anschreiben), Vereinbaren von Interviewterminen, Durchführung von Straßen- und Telefonbefragung, Website-Auftritt der Befragung.
- Marketing-Aktivitäten zur Erhöhung der Rücklaufquoten (Gewinnspiele, Erinnerungsschreiben, e-mails, persönliche Anrufe...).
- nach Abschluss: Dank an die Teilnehmer der Befragung, ggfalls Gewinne zustellen.

Analysephase

- statistische Aufbereitung der Befragungsergebnisse entsprechend der Definition in der Vorbereitungsphase (Hinweis: unzufriedene Kunden nehmen häufiger an Befragungen teil, als zufriedene Kunden).
- Korrelationen mit unternehmensinternen Daten (z. B. Frageergebnis zu Produktzuverlässigkeit gegen Reklamationsquote).
- Identifikation von Schwachstellen, Priorisierung, Definition von Maßnahmen, die in separaten Projekten (z. B. im Rahmen von KVP) abgearbeitet werden.
- Bewertung der Effektivität der Maßnahmen aus Vorjahren: sind positive Auswirkungen auf die Ergebnisse der aktuellen Befragung festzustellen?

5.5 Rückmeldungen der Kunden

Im Rahmen der Kundenbefragungen wird der Kunde aufgefordert, seine Meinung zur Qualität des Produktes zu äußern. Daneben gibt es eine Reihe von Informationen, die der Kunde aktiv (von sich aus) liefert, und die sich natürlich zur Bewertung der Qualitätslage eignen. Zusätzlich ist es notwendig, Auffassungen Dritter (Fachpresse, Medien) einzuholen und in die Bewertung aufzunehmen. Die Nutzung dieser Informationen gehört in den Bereich der Sekundärforschung (s. Kap. 3.2).

Die Auswertung dieser Daten im Vergleich mit den Daten aus Kundenbefragungen und den intern erhobenen Daten liefert das Gesamtbild der Qualität, mit dem sich die Unternehmensführung auseinandersetzen muss.

Die wichtigsten Qualitätsrückmeldungen durch den Kunden sind:

- Anfragen, Reklamationen und Retouren
- Ergebnisse von Kundenaudits
- Statistiken, Reports über das Produkt, die der Kunde verfasst (B2B-Kunden)
- Lieferantenbewertungen und Ranglisten durch den Kunden (B2B-Kunden)
- Qualitätsveranstaltungen der Kunden. Oft laden B2B-Kunden alle Lieferanten gemeinsam zu diesen Veranstaltungen ein. Hier werden üblicherweise sehr eindeutige Aussagen gemacht. Aufforderungen zu KVP-Aktivitäten sind durchaus üblich.

Hinweis: Die Unterschätzung oder Nichtbeachtung dieser Qualitätsveranstaltungen durch die Unternehmensleitung kann durchaus Umsatzverluste nach sich ziehen.

- Einschätzungen der Qualität der Produkte des Unternehmens in den Medien, insbesondere in der Fachpresse
- Der Gewinn oder Verlust von Marktanteilen kann nicht eindeutig mit der Qualität korreliert werden; jedoch ist bei Veränderungen des Marktanteils immer zu hinterfragen, ob die Qualität dafür ursächlich sein kann.

Die hier aufgelisteten Informationen sind von damit beauftragten Mitarbeitern zu beschaffen, in geeigneter Weise aufzubereiten und zu verdichten und der Leitung in regelmäßigen Durchsprachen vorzustellen. Dabei ist der Kontext mit den anderen Qualitätsdaten herzustellen. Dafür empfiehlt sich die BSC (s. Kap. 5.6).

5.6   Balanced Score Card

Eine Balanced Score Card (BSC) enthält alle auf der jeweiligen Führungsebene des Unternehmens zu verfolgenden Parameter mit Ziel- und Istwerten.

Meist sind für Abweichungen vom Zielwert Farbcodes vereinbart, sodass essentielle Probleme sofort erkennbar sind.

Es empfiehlt sich, in eine BSC mehrere aufeinanderfolgende Berichtszeiträume zu integrieren, um zeitliche Entwicklungen schnell zu erkennen.

Da die BSC auf Leitungsebene alle wichtigen Kennzahlen des Unternehmens abbilden muss, schlage ich für das QM-Controlling eine zweistufige BSC vor:

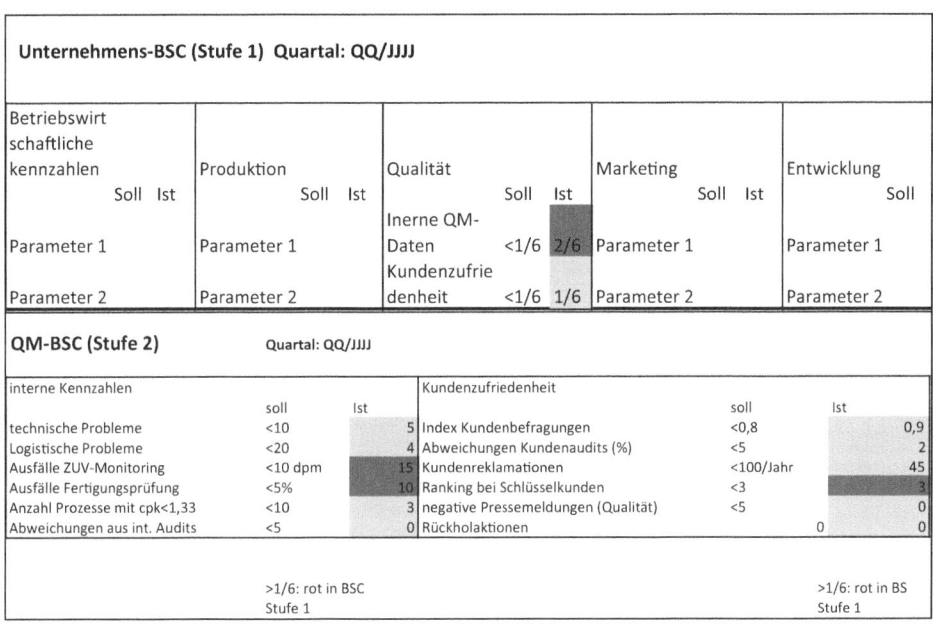

Abb. 5.3 Balanced Scorecard (Beispeil)

Stufe 1: Unternehmens-BSC enthält nur die zusammengefassten Parametergruppen „Interne QM-Daten" und „Kundenzufriedenheit"

Stufe2: Die QM-BSC enthält und bewertet alle betrachteten Parameter. Die Daten der Stufe 1 sind also die Verdichtung der Daten der Stufe 2. Letztere wird auf Unternehmensebene herangezogen, wenn genauere Untersuchungen benötigt oder gewünscht werden. Natürlich sind Algorithmen festzulegen, die die Kennzahlen der Stufe 2 in die der Stufe 1 überführen. In Abb. 5.3 ist dies beispielhaft dargestellt: wenn in Stufe 2 je Kategorie mehr als ein Parameter abweicht, geht die entsprechende Kategorie in der Stufe 1 auf „rot" (dunkler Hintergrund). Die Unternehmensleitung nimmt dies zum Anlass, sich intensiv mit den entsprechenden Ursachen zu befassen und Maßnahmen einzuleiten.

Hinweis: Die Parameter der Stufe 1 für die anderen Bereiche sind nur angedeutet dargestellt. Auf die Darstellung mehrerer Berichtszeiträume wurde aus Gründen der Übersichtlichkeit verzichtet.

KVP und Innovation

6

KVP erfordert den publizierten Willen der Unternehmensleitung, entsprechende Strukturen, die Bereitstellung von Methoden und ggf. von Ressourcen (insbesondere ausgebildete Moderatoren). Dies gilt insbesondere für den DMAIC- Prozess (Kap. 6.1.2).

Hinweis: Die Beschreibung des Projektmanagements wurde diesem Kapitel zugeordnet, da aus Sicht des QM das Umsetzen von KVP-**Projekten** die Hauptanwendung des **Projekt**managements darstellt.

6.1 Kontinuierlicher Verbesserungsprozess (KVP)

Neben der Fehlervermeidung ist eine der wichtigsten Grundlagen des QM das permanente Verbessern der Qualität der Produkte und der Prozesse. (Der verbreitete japanische Begriff Kaizen = „Wandel zum Besseren" hat denselben Gedanken zum Inhalt).

KVP ist unverzichtbarer Bestandteil jedes QMS und wird von der ISO 9001 explizit gefordert (Normabschnitt 8: Messung, Analyse und Verbesserung).

Der entscheidende Aspekt ist hierbei „kontinuierlich": Jede Verbesserung führt zu einem neuen Zustand (Prozess und/oder Produkt), der zwar besser ist als der ursprüngliche, aber weiterer Verbesserung bedarf. Der Verbesserungszyklus startet neu. Deshalb ist KVP niemals abgeschlossen sondern (eben) kontinuierlich.

KVP bezieht sich auf alle Produkte und Prozesse einer Organisation und bindet alle Mitarbeiter der Organisation ein. Sinnvollerweise werden in die Betrachtung auch die Lieferanten des Unternehmens, ihre Produkte und Prozesse einbezogen. Die Konsequenz sind gemeinsame KVP-Projekte mit den Lieferanten (siehe dazu auch „Die acht Qualitätsmanagement-Grundsätze: Lieferantenbeziehungen zum gegenseitigen Nutzen").

Die konsequente Weiterentwicklung dieses Ansatzes ist das EFQM-Modell (s. Kap. 3.4).

E. Müller, *Qualitätsmanagement für Unternehmer und Führungskräfte*,
DOI 10.1007/978-3-642-41002-4_6, © Springer-Verlag Berlin Heidelberg 2014

Abb. 6.1 PDCA-Zyklus
(Deming-Kreis)

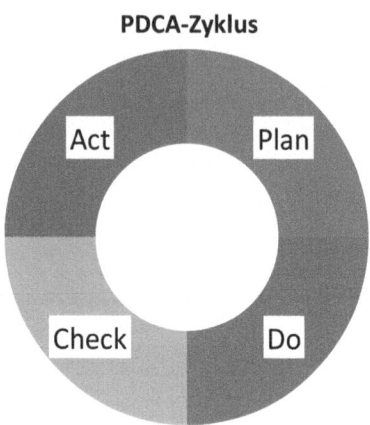

KVP bedeutet daher auch, die Bereitschaft aller Mitarbeiter zur ständigen Verbesserung aller Abläufe zu wecken und zu nutzen.

KVP umfasst nicht nur die Qualitätsaspekte, sondern auch Verbesserung der Effizienz von Prozessen. Insbesondere Reduzierung unnötiger Aufwendungen = Vermeidung von Verschwendung (japanisch: Muda) steht im Fokus von KVP. Auch hier findet sich wieder ein Ansatz, der Qualität wie Kosten gleichermaßen positiv beeinflusst.

Notwendige Voraussetzungen für KVP

- KVP muss Teil der Unternehmenskultur sein (muss „von oben" gewollt sein); Insbesondere muss die Unternehmensleitung sichtbar für alle Mitarbeiter an KVP-Aktivitäten teilnehmen, oder zumindest diese Aktivitäten fördern (siehe dazu Kap. 4).
- KVP-Aktivitäten finden während der Arbeitszeit statt. KVP ist nicht Freizeitgestaltung, sondern integraler Teil der Aktivitäten des Unternehmens.
- KVP erfordert Schulung, Trainings, interne und/oder externe Moderatoren.

6.1.1   Systematik des KVP: Deming-Kreis

Der Deming Kreis (auch Deming Zyklus) beschreibt einen kontinuierlich zu durchlaufenden vier-phasigen Prozess zur kontinuierlichen Verbesserung.

Entsprechend der vier Phasen des Zyklus (Plan, Do, Check, Act) spricht man auch vom PDCA-Zyklus. Dieser ist in Abb. 6.1 dargestellt:

Die vier Phasen des Deming-Kreises

- Plan
  Identifikation von Verbesserungspotentialen durch Analyse des aktuellen Zustandes, Entwicklung von Verbesserungsmaßnahmen mit Hilfe von Kreativitätstechniken, Planung der Einführung.

- Do
  Testen des neuen Prozesses, bzw. des veränderten Produktes mit einfachen Mitteln anhand von wenigen, aber statistisch ausreichenden Datenmengen (Testlauf, Laborversuch).
- Check
  Überprüfen der Ergebnisse der Testphase: Nachweis der erwarteten Verbesserungen, Risikobewertung.
- Act
  Einführung des neuen Prozesses/Produktes als Standard.

Wichtiger Grundsatz: Jede (auch eine im Rahmen von KVP gewollte) Änderung birgt Risiken, die identifiziert und eliminiert werden müssen, bevor die Änderung eingeführt werden darf. Hierzu hat die Organisation ein Änderungswesen einzuführen und zu betreiben. Eine verbreitete Methode der Risikobewertung ist die FMEA (**F**ehler**M**öglichkeits**E**influß**A**nalyse), die in Kap. 7.3.3 näher beschrieben wird.

6.1.2 Systematik des KVP: Six-Sigma und DMAIC-Prozess

Der Six-Sigma-Prozeß ist im Wesentlichen aufgebaut wie der PDCA-Zyklus, jedoch wesentlich detaillierter beschrieben. Er beinhaltet eine Fülle von Methoden und Werkzeugen, die den einzelnen Phasen zugeordnet sind.

Charakteristisch sind:

- eine festgelegte Rollenverteilung. Insbesondere begleiten hauptamtliche, zertifizierte Moderatoren (Black Belts) den gesamten Zyklus.
- formalisierte Freigabeprozeduren („gates") am Ende festgelegter Teilabschnitte des Zyklus. Es wird jeweils überprüft, ob alle Ergebnisse vorhanden sind, um in die nächste Phase starten zu können.

Die Kongruenz zum klassischen Projektmanagement ist hier offensichtlich. Die „gates" entsprechen den Meilensteinen des Projektmanagements. Im Übrigen empfehle ich, jede KVP-Aktivität als Projekt abzuarbeiten.

Die Phasen des DMAIC-Prozesses (DMAIC = **D**efine **M**easure **A**nalyse **I**mprove **C**ontrol)

- Define
  Beschreibung/Dokumentation des Ist-Zustandes des Prozesses; Beschreibung des Zielzustandes; Auflistung von Problemen und (vermuteten) Ursachen; Projektdefinition (Projektmitglieder, Zeitplan, Ressourcenplan); Zusammenfassung aller Informationen in der Projekt-Charta.

- Measure
  Quantifizierung: wie gut erfüllt der Prozess (bzw. das erzeugte Produkt) die Kundenanforderungen? Wie gut beschreiben Prozess-Messgrößen das Prozessergebnis (= Produkt)? Wie stabil sind die Prozess-Messgrößen (C_{pk}-Werte, s. Kap. 7.2.3)?
- Analyse
  Identifikation der Ursachen für unbefriedigende Ergebnisse anhand der Daten der Measure-Phase (z. B. falsche/unzureichende Prozess-Messgrößen, zu große Streuung, Dezentrierung. . .).
- Improve
  Planung, Testen und Einführung von Verbesserungen; Risikobewertung.
- Control
  Überwachen und stabil halten des nunmehr verbesserten Prozesses
  (mit SPC, s. Kap. 7.2.4).

6.2 praktische Durchführung von KVP-Aktivitäten

KVP-Aktivitäten umspannen einen weiten Bereich von Verbesserungsmaßnahmen von Einzelpersonen bis hin zu unternehmensweit angelegten Programmen.

Betriebliches Verbesserungsvorschlagswesen Dies ist eine prämienbasierte Methode, die die Kreativität jedes einzelnen Mitarbeiters fördert. Aufgrund von Vorschlägen eingeführte Verbesserungen führen zu Prämien, deren Höhe von der Größe der Verbesserung abgeleitet ist. Das betriebliche Vorschlagswesen kann bei richtiger Anwendung große Verbesserungspotentiale zutage fördern, und sollte in jeder Organisation vorhanden sein.

Der Nachteil ist die Unverbindlichkeit, so dass oft Werbemaßnahmen nötig sind, um das Verbesserungswesen effektiv zu machen und zu halten.

Daneben ergeben sich oft Diskussionspunkte zur Umsetzbarkeit, zu Urheberrechten, und zu Pflichtenkreisen (Verbesserungsvorschläge sollten nicht die Arbeitsplatzbeschreibung des Einreichers beinhalten). Eine detaillierte Definition dieser Kriterien sowie ein gut beschriebener und geführter Beurteilungsprozess sind Voraussetzungen für ein erfolgreiches betriebliches Verbesserungsvorschlagswesen.

Qualitätszirkel/Kleingruppen Qualitätszirkel bestehen aus Mitarbeitern, die in den zu verbessernden Prozess direkt eingebunden sind und daher Schwachstellen und Verbesserungsmöglichkeiten am besten kennen. Sie führen eine Analyse ihres eigenen Arbeitsbereiches durch und identifizieren Verbesserungsmaßnahmen mit Kreativitäts- und Problemlösetechniken (s. Kap. 7) und sind an Umsetzung und Erfolgskontrolle der Maßnahmen beteiligt.

Qualitätszirkel arbeiten nicht in der Freizeit. Es empfiehlt sich, den Teams Moderatoren zur Seite zu stellen, die die benötigten Methoden und Werkzeuge beherrschen.

Auch hier sind Werbemaßnahmen sinnvoll: ein Beispiel kann die monatlich oder jährlich erfolgende Auszeichnung des erfolgreichsten Teams sein.

Abteilungs-/Unternehmensweite Projekte und Qualitätsprogramme Für eine nachhaltige, effektive KVP-Kultur sind die oben beschriebenen beiden Umsetzungsstrategien des KVP meist nicht ausreichend. Es müssen abteilungs- bzw. unternehmensweite Programme initiiert und unter Verwendung von Projektmanagement-Methoden durchgeführt werden. Die Verantwortung hierfür trägt die Leitung, die sich auch in regelmäßigen Zeitabschnitten vom Status der Projekte überzeugen muss.

Insbesondere erfordert auch ein konsequent realisiertes Prozessmanagement eine permanente Verbesserung aller Geschäftsprozesse des Unternehmens (s. Kap. 3.3).

6.3   Projektmanagement

Da KVP-Aktivitäten fast immer in Form von Projekten durchgeführt werden, ist es sinnvoll, das Projektmanagement in diesem Kapitel zu besprechen. Anwendung findet das Projektmanagement natürlich auch in anderen Aktivitäten, wie der Produktentwicklung, der Einführung einer prozessorientierten Organisationsstruktur, der Einführung von TQM oder einfach dem Aufbau des QMS selbst.

6.3.1   Grundlagen

Prozesse werden, wie in Kap. 3.3 dargelegt, mehrfach durchlaufen, und sollen das gleiche Ergebnis reproduzieren (z. B. Serienfertigung eines Produktes). Im Gegensatz dazu dienen Projekte dazu, einmalig ein vorgegebenes Ziel (Ergebnis) zu erreichen. Projektmanagement ist u. a. ein wichtiger Bestandteil des QM zur Umsetzung von KVP-Maßnahmen und zur Lösung komplexer Probleme.

Eine klassische Anwendung findet das Projektmanagement natürlich in der Produktentwicklung (vorgegebenes Ziel: das neue Produkt, s. Kap. 3.2).

Projekte haben ein festes Ablaufschema: die Projekt**durchführung** ist ein Geschäftsprozess: der **Projektmanagementprozess**.

Definition: Projekt (nach DIN 69901)

> „Ein Projekt ist ein Vorhaben, bei dem innerhalb einer definierten Zeitspanne ein definiertes Ziel erreicht werden soll, und das sich dadurch auszeichnet, dass es im Wesentlichen ein einmaliges Vorhaben ist."

Griffiger wird der Projektbegriff, wenn man seine typisierenden Merkmale betrachtet:

Projektmerkmale

- Einmalig ablaufend
- Zeitlich begrenzt
- Messbare Ziele und Ergebnisse
- Begrenzte verfügbare Ressourcen (Geld, Personen, Sachmittel)
- Komplexe, neuartige Aufgabenstellung mit hohem Maß an Unsicherheit
- Notwendigkeit der Teamarbeit

Definition: Projektmanagement Projektmanagement ist ein Geschäftsprozess zur Durchführung komplexer Vorhaben (Projekte).

Er umfasst die Organisation, Planung, Steuerung und Überwachung aller Aufgaben und Ressourcen, die notwendig sind, um die Projektziele zu erreichen.

Die Aufgaben im Projektmanagement Die im Projektmanagement zu bearbeitenden Themenfelder werden üblicherweise als die „neun Wissensgebiete des Projektmanagements" bezeichnet. Die von mir verwendete Strukturierung der Aufgaben im Projektmanagement enthält diese neun Wissensgebiete, ist jedoch übersichtlicher. Insbesondere das Wissensgebiet Qualitätsmanagement wird verständlich beschrieben.

1. Ablaufmanagement Gesamtkoordination aller Projektaktivitäten; Detaillierte Planung der Arbeitspakete, Inhalte, Umfänge und laufende Kontrolle des Projektfortschrittes einschließlich notwendiger Änderungen; Identifikation und Auflösung von Inkonsistenzen (z. B. Widersprüche zwischen Zeitplänen und Ressourcenverfügbarkeit); Insbesondere sind dies:

- Projektinitiierung
- Inhalts-, Umfangs-, Leistungsdefinition
- Zeit- und Budgetplanung
- Projektplanentwicklung
- Risikobwertung
- Abstimmung/Schnittstellen mit Nachbarprojekten
- Projektplan-Durchführung
- Verifikation des Endergebnisses - > Projektabschluß
- Nachbereitung des Projektes, „lessons learnt"

2. Ressourcenmanagement

- Personalmanagement: Bereitstellen der benötigten Mitarbeiter mit den notwendigen Qualifikationen; effektiver Einsatz der Mitarbeiter; Teamentwicklungsmaßnahmen;
- Beschaffungsmanagement: rechtzeitiges Bereitstellen aller für das Projekt benötigten Waren, Materialien und externen Dienstleistungen; dies beeinhaltet insbesondere

Bereitstellen von Produktionskapazitäten für Muster und Testserien; Beschaffungsvorbereitung, Lastenhefte; Angebotseinholung und Lieferantenauswahl; Vertragsgestaltung; Lieferung mit Eingangsprüfung;

- Arbeitsmittel: Bereitstellen der benötigten Arbeitsplatzumgebungen, Laborausstattungen, Informationstechnologie, Software;

3. *Qualitätsmanagement* Projektmanagements selbst ist ja, wie oben bereits ausgeführt, eine Methode des QM. Das Qualitätsmanagement als Bestandteil des Projektmanagements (also ein QM im QM) sorgt dafür, dass die Anforderungen an das Projekt erfüllt werden (wie es prinzipiell Aufgabe des QM ist; s. Kap. 1). Diese Aufgaben sind:

- Das Erreichen der technischen Projektzielsetzung
- Einhaltung des Zeitplanes
- Einhaltung des Budgetrahmens

Wichtige Methoden des QM im Rahmen des Projektmanagements werden in Kap. 7.3 vorgestellt.

4. *Kommunikationsmanagement* Es muß sichergestellt werden, dass sämtliche Projektinformationen rechtzeitig vorhanden und für alle Beteiligten verfügbar sind; dies beinhaltet:

- Dokumentation und Speicherung (Archivierung) aller Projektinformationen
- Aufbau und Betreiben des Informations- und Berichtswesens

6.3.2 Phasen des Projektmanagements

In diesem Kapitel werden die Aufgaben des Projektmanagements in ihrer zeitlichen Abfolge vorgestellt (Vier-Phasen-Modell):

1. Initiierung Dies ist die Vorphase der eigentlichen Projektdurchführung: „von der Idee zum Projekt". Die aktuelle Situation des Unternehmens und des Umfeldes führen zum Start eines Projektes, um bestimmte Zielsetzungen zu erreichen. Dabei müssen äußere Rahmenbedingungen, insbesondere Zeit und Budget bereits mit Zeit- und Budgetabschätzungen für das Projekt verglichen werden. Auch die Projektorganisation ist bereits grob festzulegen. Das Ergebnis der ersten Phase ist der erteilte Projektauftrag an Projektleiter und Projektteam. Im Einzelnen sind zu identifizieren:

- Projektauslöser (Problem, KVP, Kundenanforderung, neue Produktidee . . .)
- Situationsanalyse
- Hier bietet sich die SWOT-Analyse an (Stärken, Schwächen, Risiken, Chancen), die in Abb. 6.2 schematisch dargestellt ist.

Abb. 6.2 SWOT-Analyse

In den oberen beiden Feldern werden Stärken und Schwächen des Unternehmens in Bezug zum Projektauslöser dargestellt.

Die unteren beiden Felder beschreiben Einflüsse des Umfeldes des Unternehmens (Markt, Gesellschaft, Gesetzgeber).

- Identifikation der Personen und Anspruchsgruppen, die von dem Projekt betroffen sind („stakeholder analysis")
- Situation vor und nach Durchführung des Projektes: Zielsetzung des Projektes, Lastenheft. Die Aktivitäten, die vom Anfangs- zum Zielzustand führen, werden in der zweiten Phase zum Projektstrukturplan (PSP) zusammengeführt.

Hinweis:

Oft wird zur besseren Eingrenzung eines Projektes ein Satz von Nicht-Zielen definiert.

- Festlegen der Projektorganisation:
  - Projektauftraggeber:
    Mitglied des Managements, wirkt als Projektpate („sponsor"), entlastet das Projektteam nach erfolgreichem Projektabschluß.
  - Projektleiter/Projektmanager:
    hat die Gesamtverantwortung für das Projekt.
  - Projektteammitglieder:
    bringen fachliche und persönliche Kompetenz und die notwendige Arbeitszeit ein.
  - Lenkungsausschuss (insbesondere bei unternehmensweit relevanten Projekten):
    Mitglieder der Unternehmensleitung: übergreifendes Projektcontrolling, Unterstützung bei Problemen und Schwierigkeiten.

- Aufwands- und Kostenabschätzung

Abschätzung aller (auch interner) benötigter Ressourcen (finanziell, personell, Material, Sachkosten). Dabei wird das **magische Dreieck** aus Qualität (= Projektergebnis), Zeit und

Kosten betrachtet. Diese drei Kriterien beeinflussen sich direkt (z. B. ist eine Verkürzung der Projektlaufzeit praktisch immer nur durch höheren Kostenaufwand zu erreichen).

- Projektauftrag

Der Projektauftrag wird von Projektleiter und Produktauftraggeber (PAG) unterzeichnet. Er enthält Lasten- und Pflichtenheft, Spezifikationen, Zeitpläne, Ressourcenabschätzung und Ressourcenfreigabe.

2. Planung

- Projektstrukturplan : Identifikation der Arbeitspakete.
  Herzstück der Planung ist der Projektstrukturplan (PSP), der die aus Ist-und Sollzustand abgeleiteten Aufgaben und Tätigkeiten in den richtigen Kausalzusammenhang bringt:

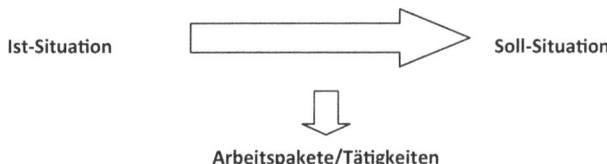

- Projektstrukturplan: Bearbeitung der identifizierten Arbeitspakete
  - Zusammenfassen (Clustern) in Teilprojekte
  - Überprüfen auf sachlogische Zusammenhänge
  - Abschätzen der benötigten Zeiten (- > Netzplan)
  - Abschätzen der benötigten und verfügbaren Ressourcen
  - Überprüfung auf Zeit-Ressourcenkonflike und deren Lösung
  - Definition von Meilensteinen (Definition siehe unten)
  - Erstellen eines Beschreibungsblattes für jedes Element des PSP

Meilensteine Meilensteine markieren das Ende wichtiger Abschnitte (Phasen) des Projektes. Nicht jedes Arbeitspaket muss mit einem Meilenstein abgeschlossen werden. Das Erreichen eines Meilensteines wird mit der Methode des Projekt-Review überprüft (s. Kap. 7.3.2). Dabei wird vom Projektteam und dem Projektauftraggeber (PAG) überprüft, ob die definierten technischen Ziele erreicht und die Zeit- und Ressourcenvorgaben eingehalten sind.

Falls nötig, muss der gesamte Projektplan angepasst werden.

Das Ergebnis des Meilenstein-Reviews entscheidet über die Weiterführung des Projektes: Die Freigabe der nächsten Projektphase erfolgt durch den PAG.

Zeitpläne Die Netzplantechnik ist die beste Methode, komplexe Zeitpläne zu erstellen (s. Kap. 7.1.3). Daneben wird meist auch das Gantt-Diagramm verwendet, das, wie in Abb. 6.4 dargestellt, auf einen Blick einen Überblick über die Projektaktivitäten, deren

Projekt		
Teilprojekt 1	**Teilprojekt 2**	**Teilprojekt 3**
Arbeitspaket 1.1	Arbeitspaket 2.1	Arbeitspaket 3.1
Arbeitspaket 1.2	Arbeitspaket 2.2	Arbeitspaket 3.2
Arbeitspaket 1.3	Arbeitspaket 2.3	Arbeitspaket 3.3
Arbeitspaket 1.4	Arbeitspaket 2.4	Arbeitspaket 3.4
Arbeitspaket 1.5	Arbeitspaket 2.5	Arbeitspaket 3.5
Arbeitspaket 1.6	Arbeitspaket 2.6	Arbeitspaket 3.6

Abb. 6.3 Projekt-Strukturplan (PSP)

Zeitdauer und deren Wechselwirkungen ermöglicht. Wechselwirkungen insbesondere bei parallel ablaufenden Aktivitäten, sowie kritische Pfade sind jedoch nur schwer darzustellen. Bei komplexeren Projekten empfiehlt es sich, die Netzplantechnik zu verwenden und ein Gantt-Diagramm als „Schnellüberblick" mitzuführen.

Die Ergebnisse derPSP-Erstellung sind:

- Ein Beschreibungsblatt für jede Tätigkeit
- Der PSP als übergeordnete Planungsgrundlage; wie in Abb. 6.3 kann der PSP eine hierarchische Gliederung aufweisen
- Der Netzplan, das Gantt-Diagramm
- Der Ressourcenplan
- Identifikation und Bewertung vonProjektrisiken; Umsetzung (vorbeugender) Maßnahmen. Bei der Identifikation der Risiken sind Ishikawa-Diagramme nützlich (s. Kap. 7.1.2). Die Bewertung der Risiken sollte mit dem FMEA-Formalismus erfolgen (s. Kap. 7.3).

Typische Risiken sind:

– Akzeptanzrisiken: die im Projekt verfolgten Lösungen werden innerhalb der Organisation oder vom Kunden nicht akzeptiert.
– Qualitätsrisiken: das Projektergebnis hat nicht die geforderte Qualität.
– Auslastungsrisiken: Personalressourcen sind nicht ausreichend (z. B. anderweitig gebunden).
– Kostenrisiken: das Budget wird überschritten.
– Terminrisiken: Zeitpläne werden nicht eingehalten; besonders schwerwiegend ist dies, wenn der Projektendtermin gefährdet ist.

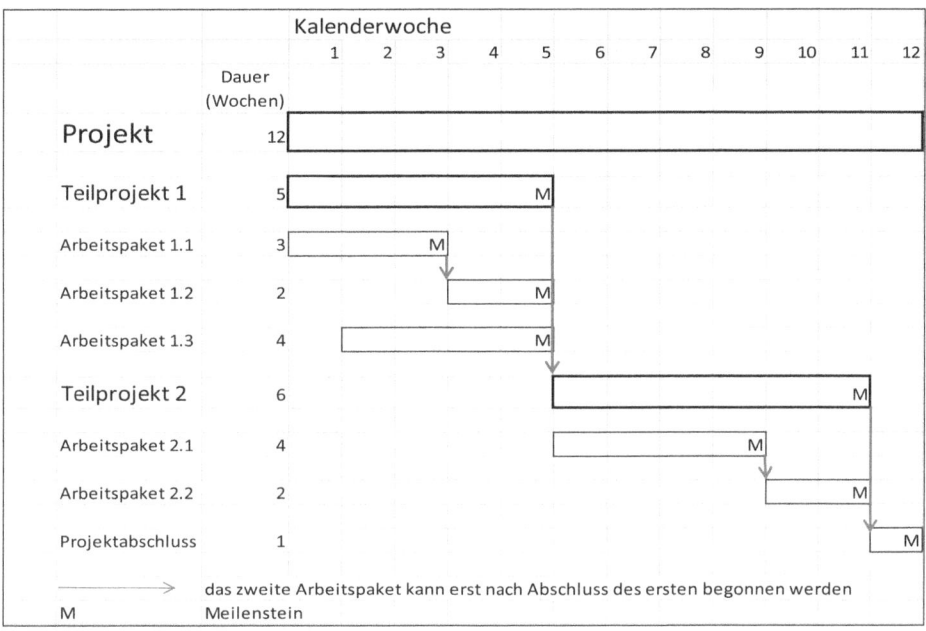

Abb. 6.4 Gantt-Diagramm

Wichtiger Grundsatz: Risikomanagement ist nicht nur Teil der Planungsphase, sondern muss während der gesamten Projektlaufzeit betrieben werden. Üblicherweise wird die Risikobewertung zu den Projektmeilenstein-Reviews aktualisiert.

Kommunikationsplan: Es wird festgelegt, wer in welcher Form wie oft welche Projektinformationen erhält. Dies beinhaltet neben Information in Berichtsform auch alle Protokolle zu Projektteammeetings, Meilensteinreviews und anderen Veranstaltungen.

3. Durchführung und Projektcontrolling In der Realisierungsphase werden die in der Planung definierten Arbeitspakete abgearbeitet. Der Projektleiter überwacht permanent alle Aspekte des Projektes und greift bei Abweichungen unverzüglich ein. Bei Erreichen der Projektmeilensteine erfolgt ein erweitertes Projektcontrolling in Form der Meilensteinreviews unter Teilnahme von PAG und Lenkungsausschuss. Falls nötig, wird die Projektplanung aktualisiert. Dabei kommen Änderungsmanagement und Risikobewertung zum Einsatz. Insbesondere sind zu bearbeiten:

- Information und Kommunikation
  Neben der Realisierung der in der Planungsphase festgelegten Kommunikationsplanung beinhaltet dies auch Marketingaktivitäten wie Festlegen von Projektlogo und Motto, Informationen über das Projekt in Hauszeitschriften, Firmenwebsites etc., Veröffentlichung der Projektergebnisse in der Fachpresse (Vertraulichkeit beachten), Patentanträge (Schutz des im Projekt erarbeiteten geistigen Eigentums des Unternehmens).

- Projekt-Controlling
  Dies ist die Kernaufgabe des Projektleiters in der Durchführungsphase. Er führt permanent den Soll-Ist-Abgleich aller Projektparameter durch und ergreift unverzüglich Maßnahmen bei Abweichungen. Falls nötig, beantragt er Änderungen beim PAG und Lenkungsausschuss. Standardmethode des Projektcontrollings ist das Projekt-Review (Kap. 7.3.2).
- Dokumentation
  Alle Arbeitsunterlagen, Daten, Ergebnisse, Berichte und Besprechungsprotokolle einschließlich des Projektabschlussberichtes sind zu dokumentieren und zu archivieren (Projektordner).

4. Projektabschluss

- Evaluierung und Reflexion

Dieser Teil beinhaltet eine Nachanalyse des Projektverlaufes:

- Wurden alle Projektziele termingerecht und unter Einhaltung des Budgets erreicht?
- Wie war die Arbeit/Stimmung im Projektteam?
- Was war gut/schlecht („lessons learnt")?

Die Ergebnisse hier sind zu verwenden, um weitere Projekte besser durchzuführen.

- Projektabschlussbericht

Der Projektabschlussbericht wird vom Projektleiter verfasst. Er beschreibt in Kurzform das gesamte Projekt, dessen Verlauf und die Ergebnisse:

- Projektbeschreibung
- Projekt-Detailplanung (PSP, Termin- und Ressourcenplanung)
- Umsetzungsphase insbesondere Probleme, Störungen, Abweichungen von der Planung, notwendige Änderungen
- Vorschläge und Anregungen für weitere Projekte und deren Durchführung

- Entlastung und Auflösung der Projektorganisation
  Anhand der Projektdokumentation (insbesondere des Projektabschlussberichtes) entlastet der PAG die Projektorganisation und erklärt das Projekt für beendet. Formal erfolgt dies durch Unterzeichnung des Projektabschlussberichtes durch den PAG.

Methoden Werkzeuge Prozesse

7

In diesem Kapitel werden die wichtigsten Werkzeuge und Prozesse vorgestellt, die im QM Anwendung finden. Die Unternehmensleitung muss deren Zweck und Leistungsfähigkeit kennen und bewerten können. Nur so können die richtigen Entscheidungen über den Einsatz im Unternehmen getroffen werden. Diese Methoden sind zum Teil aufwändig in der Einführung und im Einsatz. Die Unternehmensleitung muss als gleichwertiger Diskussionspartner für die QM-Spezialisten und als kompetenter Entscheider auftreten.

7.1 QM-Methoden und Werkzeuge

7.1.1 5S

5S ist eine in Japan entwickelte Methodik zur Erzeugung und Verbesserung sauberer, sicherer und standardisierter Arbeitsplätze. Die Methode ist in der Abb. 7.1 zusammengefasst.

Shukan (das 6. S) ist in der ursprünglichen Formulierung nicht enthalten und stellt eine sinnvolle Erweiterung von 5S auf 6S dar. (Die etwas seltsam klingenden, aber üblichen Übersetzungen ins Deutsche verfolgen das Ziel, die „S" beizubehalten.)

7.1.2 Q7: die sieben elementaren Qualitätswerkzeuge

Sie wurden von dem japanischen Qualitätspionier Karuo Ishikawa entwickelt. Mit Hilfe dieser sieben Methoden kann ein großer Teil der im QM anfallenden Problemstellungen bearbeitet werden. Sie beinhalten:

E. Müller, *Qualitätsmanagement für Unternehmer und Führungskräfte*,
DOI 10.1007/978-3-642-41002-4_7, © Springer-Verlag Berlin Heidelberg 2014

Seiri	Sortiere aus
	Alles was am Arbeitsplatz nicht benötigt wird,
	wird entfernt.
Seiton	Stelle ordentlich hin
	Was benötigt wird, bekommt einen definierten,
	gekennzeichneten Platz. Ziel ist, alles was benötigt
	wird, leicht zu finden und sofort feststellen zu
	können, wenn etwas fehlt.
Seiso	Säubere
	Der Arbeitsplatz wird gereinigt.
Seiketsu	Sauberkeit bewahren
	der herbeigeführte Zustand wird aufrechterhalten
	durch stetiges Entfernen nicht benötigter Gegenstände,
	Reinigen und Aufräumen. Man benötigt Arbeitsanweisungen.
Shitsuke	Selbstdisziplin üben
	Der erreichte Zustand muß zum Standard werden.
	Dies erfordert Disziplin, die von den Führungskräften
	eingefordert werden muß.
Shukan	Sich daran gewöhnen
	Ordnung und Sauberkeit am Arbeitsplatz werden selbstversändlich

Abb. 7.1 5S

1. **Brainstorming:** eine teambasierte Kreativitätstechnik zum Finden von Ideen und Problemlösungen (Zuruftechnik).

2. **Fehlersammelkarte (Fehlersammelliste):** In der Fehlersammelliste werden die Ergebnisse von Prüfungen dokumentiert, Sie dient als Datenbasis für weitere Analysen und daraus abgeleitete Maßnahmen. Abbildung 7.2 zeigt ein fiktives Beispiel.

3. **Histogramm:** Es dient dazu, aus Messwerten Häufigkeiten zu berechnen und darzustellen. Hierzu werden Messdaten in sog. Klassen zusammengefasst. Diese werden als Balkendiagramm dargestellt, wobei die Höhe der Balken der Anzahl der Messwerte in der jeweiligen Klasse entspricht. Dies erhöht die Übersichtlichkeit und Interpretierbarkeit der Daten.

Faustregeln zur Klassenbildung :

Anzahl der Klassen: $k = \sqrt{n}$ mit n: Anzahl der Messwerte

Klassenbreite: $b = \frac{R}{k}$, k: Anzahl der Klassen, R: Range der Daten Abb. 7.3 zeigt ein Histogramm:

4. **Korrelationsdiagramm/Streudiagramm** Es dient zur Überprüfung vermuteter Zusammenhänge zwischen Parametern. Zu jeweils einem Objekt gehörige Datenpaare

Fehlersammelliste

Produkt:	PC-Motherboard
Produktnummer:	xxxxx

Prozess:	Endmontage
Ort:	Prüfplatz xx
Umfang:	100%
Prüfer:	NN

	Fehlerart	Mo	Di	MI	Do	Fr	Sa	So	Summe
1	Bauteil fehlt	5	2	3	0	4	1	1	16
2	Platine beschädigt	0	0	2	1	0	3	0	6
3	Lötstelle fehlt	5	6	4	7	5	4	6	37
4	Verschmutzung	3	2	5	3	4	2	1	20
5	Kratzer	1	1	1	3	0	2	0	8
	Summe	14	11	15	14	13	12	8	**87**

Woche	cw 38

Abb. 7.2 Fehlersammelliste

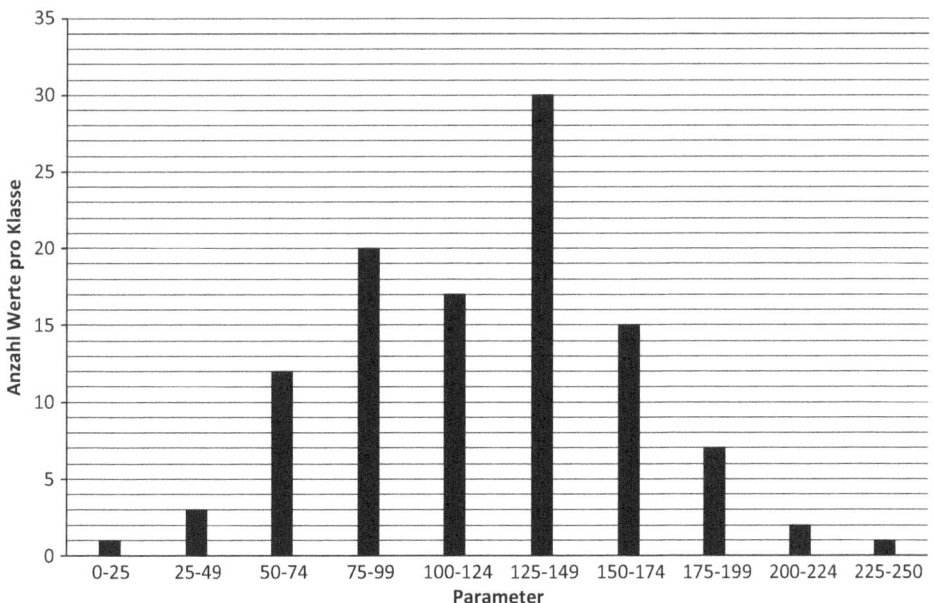

Abb. 7.3 Histogramm

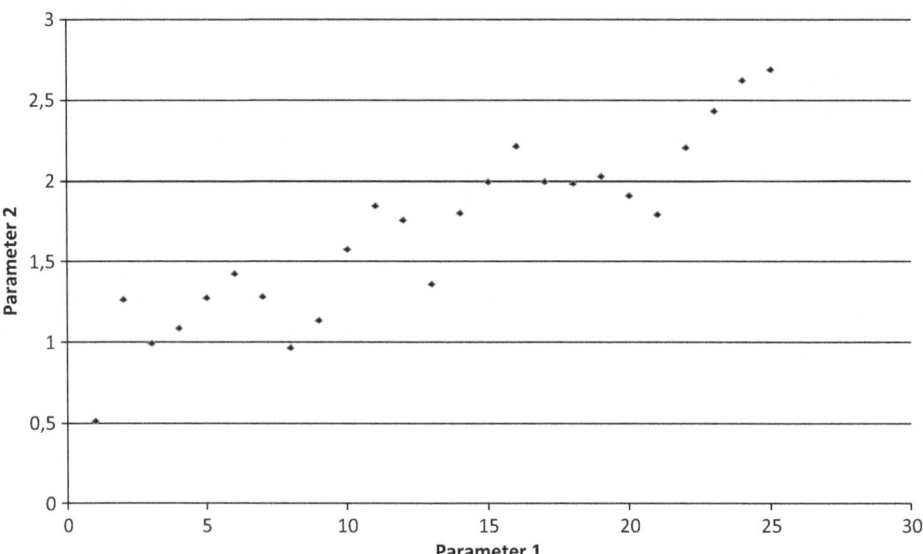

Abb. 7.4 Streudiagramm

werden in ein Koordinatensystem eingetragen. Oft wird zusätzlich ein Korrelations-koeffizient berechnet, der angibt, wie gut die Datenpaare auf einer Ausgleichsgeraden liegen.

Dabei ist zu beachten, dass eine gute Korrelation nicht unbedingt auf einen Kausalzu-sammenhang der Daten schließen lassen muss (Scheinkorrelationen!). In Abb. 7.4 zeigt sich ein positiver Zusammenhang zwischen den beiden Parametern: wenn Parameter 1 größer wird, steigt auch der Wert für Parameter 2.

Eine Überprüfung der Sinnhaftigkeit/Kausalität aus technischer Sicht muss sich anschließen.

5. Paretodiagramm: Das Paretodiagramm (s. Abb. 7.5) ist ein nach Größe geordnetes Balkendiagramm zur Analyse der wichtigsten Ursachen eine Sachverhaltes (ABC-Analyse: Die 20 % wichtigsten Ursachen bestimmen 80 % der Wirkung). Es dient insbesondere zur Priorisierung von Maßnahmen. Die Balken können absolute Anzahlen oder prozentuale Anteile enthalten. Zusätzlich ist oft die Summenkurve der Anteile dargestellt.

Grundsatz: Insbesondere bei der Analyse von Fehlerverteilungen als Ergebnis von Quali-tätsprüfungen ist es sinnvoll, nicht das Pareto der Fehlerhäufigkeiten darzustellen, sondern die Fehlerarten mit einem Wichtungsfaktor zu multiplizieren (Bedeutung für den Kunden oder Kosten des Fehlers). Maßnahmen sollen ja nicht „stur" Fehleranzahlen reduzieren, sondern die Qualität verbessern. Oft ist es daher wichtiger, einen seltenen, aber bedeuten-den Fehler zu eliminieren, als einen Fehler, der zwar häufig auftritt, aber wenig Bedeutung hat.

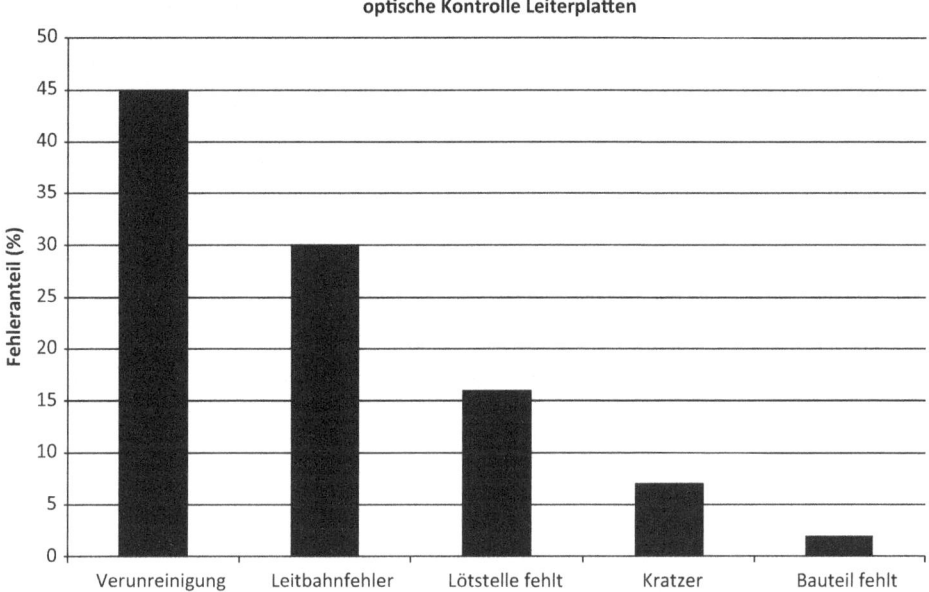

Abb. 7.5 Pareto-Diagramm

6. Zeitreihe/Trenddarstellung/Verlaufsdiagramm Das Verlaufsdiagramm, beispielhaft dargestellt in Abb. 7.6, stellt die Grundlage der in der SPC verwendeten Qualitätsregelkarte dar (s. Kap. 7.2.4).

Daten werden entsprechend der zeitlichen Reihenfolge ihrer Ermittlung aufgetragen (oder z. B. sortiert nach dem Produktionszeitpunkt des geprüften Produktes). Hier werden zeitliche Entwicklungen (Trends) sichtbar.

Die Qualitätsregelkarte fügt der Zeitreihe statistisch berechnete Kontrollgrenzen hinzu. Innerhalb der Kontrollgrenzen ist der Prozess in Ordnung. Messdaten außerhalb der Grenzen zeigen an, dass sich etwas verändert hat und dass Maßnahmen ergriffen werden müssen.

Die Qualitätsregelkarte als Arbeitsdokument der Statistischen Prozessregelung (SPC) wird in Kap. 7.2.4 beschrieben.

7. Ursache-Wirkungsdiagramm (auch: fishbone-, Ishikawa-Diagramm): Grafische Darstellung von Einflussgrößen auf Wirkungen. Die Fischgrätstruktur beginnt meist mit den 7M und wird über „Nebengräten" detailliert, die wiederum verzweigt sein können, wie Abb. 7.7 zeigt.

7.1.3   M7: die sieben Managementwerkzeuge

Sie stellen eine Ergänzung der sieben elementaren Qualitätswerkzeuge dar. Es sind dies:

1. Affinitätsdiagramm: Ordnen und Systematisieren von Informationen, Ideen, Problemstellungen etc. unter Überbegriffe; oft der 2.Schritt nach einem Brainstorming.

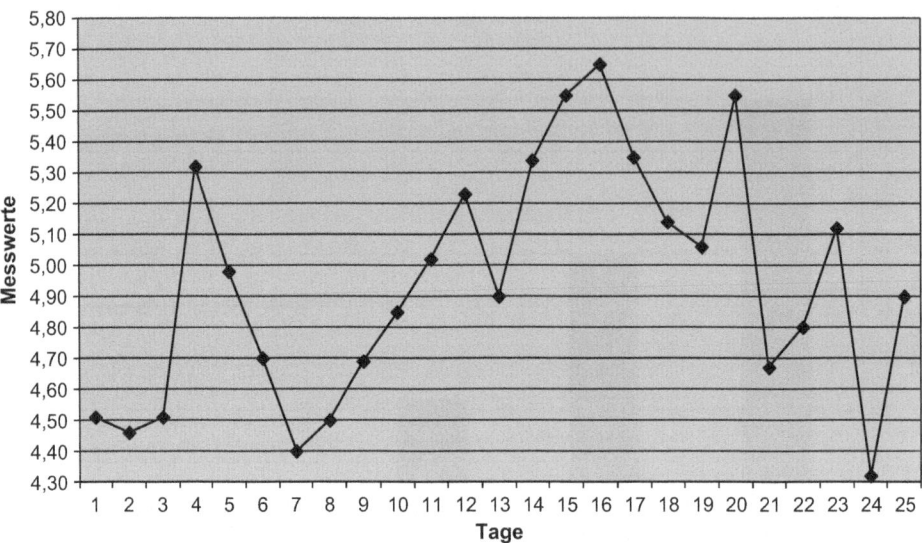

Abb. 7.6 Zeitreihe

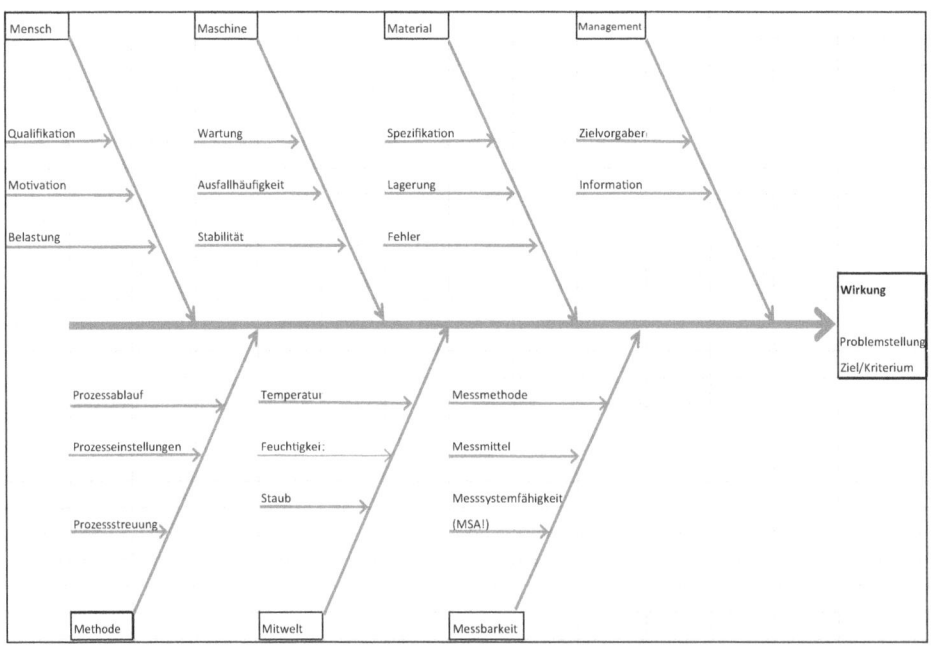

Abb. 7.7 Ishikawa-Diagramm

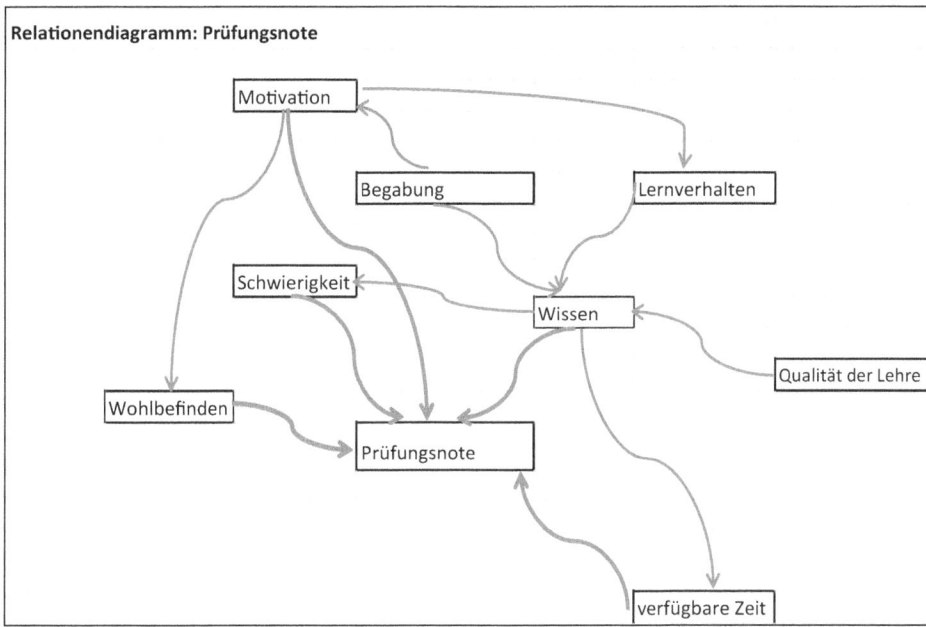

Abb. 7.8 Relationendiagramm

2. Relationendiagramm: Grafische Darstellung von Einflüssen auf eine zu untersuchende Problemstellung und deren Wechselwirkungen untereinander durch Wirkungspfeile.
Über das Abzählen der Wirkungspfeile lassen sich Hauptwirkungen (Gesichtspunkte
mit vielen eingehenden Pfeilen) und Hauptursachen (Gesichtspunkte mit vielen ausge-
henden Pfeilen) herausfinden. Im Gegensatz zum Ishikawa-Diagramm lassen sich auch
Wechselbeziehungen der Ursachen darstellen. Abbildung 7.8 zeigt ein Beispiel.

3. Baumdiagramm: ebenenweise (Schritt für Schritt) zunehmende Detaillierung von
Sachverhalten wie Projektinhalten, Problemursachen etc. Das Baumdiagramm entspricht
inhaltlich einem um 90° gedrehten Ishikawa-Diagramm.

4. Matrixdiagramm: Matrixdarstellung von Zusammenhängen und Wechselwirkungen.
Das Matrixdiagramm (Abb. 7.9) ist vielfältig einsetzbar, z. B. für

- den Paarvergleich bei Entscheidungsfindungen
- die Darstellung beteiligter Organisationseinheiten an Geschäftsprozessen (Matrix-
  Organisation, s. Kap. 3.3)
- die Umsetzung von Kundenanforderungen in Qualitätsmerkmale als Kern des QFD in
  Abb. 7.9 (s. Kap. 7.3.1)

	Qualitätsmerkmal 1	Qualitätsmerkmal 2	Qualitätsmerkmal 3	Qualitätsmerkmal 4
Kundenanforderung 1	1	1	3	9
Kundenanforderung 2	1	9	3	1
Kundenanforderung 3	9	3	1	1
Auswirkung des Qualitäts-merkmals auf die Kundenanforderung	9 stark 3 mittel 1 gering			

Abb. 7.9 Matrix-Diagramm

Abb. 7.10 Portfolio Qualitätsmßnahmen

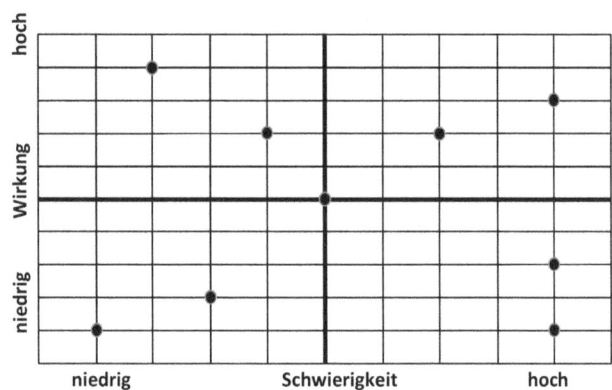

5. Portfolio-Analyse: Bewertung von Objekten in zwei Dimensionen (z. B. Maßnahmen zur Kundenzufriedenheit: Aufwand gegen Wirkung). Abbildung 7.10 zeigt ein Beispiel eines Portfolios.

6. Netzplan: Diese Methode dient zur zeitlichen Planung und Steuerung von Projekten: Sie besteht im Auflisten von sequentiell und parallel zu bearbeitenden Teilprojekten mit Zeitbedärfen und Abhängigkeiten, sowie der Bestimmung des kritischen Pfades.

Die im Projekt anfallenden Tätigkeiten werden aufgelistet und ihre Dauer festgelegt/ermittelt. Im Netzplan werden sie in die richtige Reihenfolge gebracht, Anfangs- und Endzeiten und Pufferzeiten werden bestimmt. Die Sequenz der Tätigkeiten, in der keine Pufferzeiten vorkommen, ist der kritische Pfad. Jede Verzögerung im kritischen Pfad führt

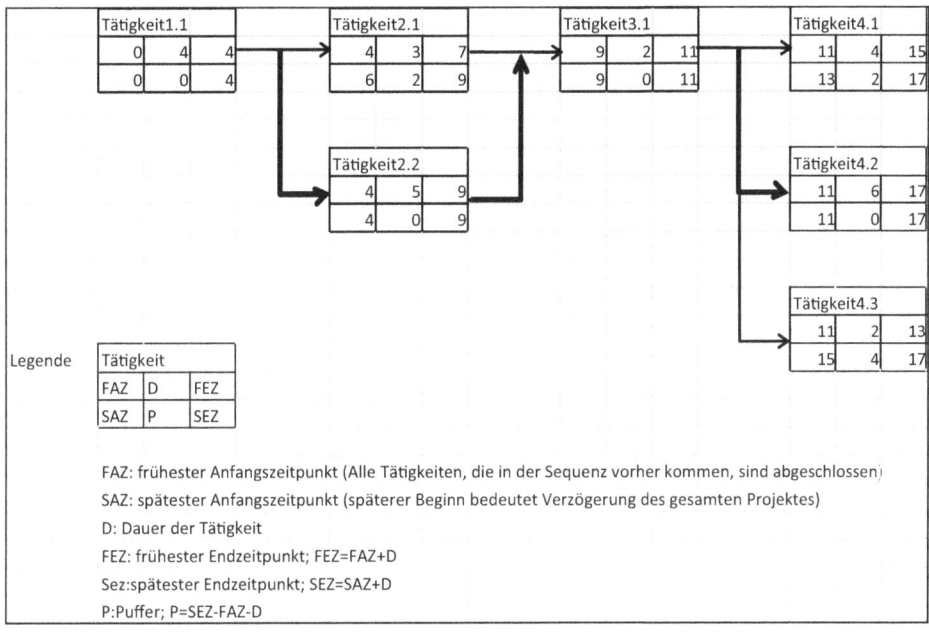

Abb. 7.11 Netzplan

zu einer Verzögerung des gesamten Projektes. Der kritische Pfad ist in Abb. 7.11 durch dicke Pfeile markiert.

(Pufferzeiten sind die Zeiten, um die sich Tätigkeiten ohne Auswirkung auf das Gesamtprojektes verzögern dürfen.)

7. Problem-Entscheidungsplan Dies ist eine Methode, um bei auftretenden Problemen/Abweichungen schnell reagieren zu können. Mögliche Fehler, Schwachstellen und Probleme werden im Vorfeld analysiert und bewertet (z. B. mit einer FMEA, s. Kap. 7.3.3) und entsprechende Maßnahmen vorab definiert. Tritt das Problem dann tatsächlich auf, kann es mit minimaler Reaktionszeit behoben werden. Oft werden Problem-Entscheidungspläne bei der Anwendung von SPC direkt an die QRK gekoppelt.

7.1.4 Acht Schritte zur Problemlösung

Dies ist eine systematische, meist teambasierte Methode zur Analyse aufgetretener Fehler/Probleme und zur Definition und Umsetzung von Maßnahmen, die ein Wiederauftreten nachhaltig verhindern. Die acht Schritte sind:

1. Teambildung
2. Problembeschreibung

3. Temporäre Maßnahmen (zur Schadensbegrenzung)
4. Ursachenermittlung
5. Festlegung von Abstellmaßnahmen
6. Einführen der Abstellmaßnahmen
7. Standardisierung (Übertragung der Maßnahmen auf andere Produkte oder Prozesse, bei denen ein Risiko vorliegt, dass derselbe Fehler auftritt)
8. Würdigung der Teamleistung

Diese acht Schritte werden im Folgenden beschrieben:

1. Teambildung:
   Zusammenstellen eines Expertenteams, das das nötige Wissen hat, und die Zeit bekommt, um das Problem zu lösen. Oft wird ein ausgebildeter Moderator hinzugezogen, der die benötigte Methodenkompetenz einbringt. Darüber hinaus wird häufig ein „Pate" („champion") aus dem Management verpflichtet, der das Team unterstützt. Die Automobilindustrie fordert explizit die Einbindung eines Paten.
2. Problembeschreibung:
   eine möglichst genaue Beschreibung des Problems:

- technisch (was ist genau der Fehler?)
- Anwendung (in welcher Anwendung bei welchem Kunden tritt der Fehler auf?)
- Menge, zeitlicher Verlauf.

3. Temporäre Maßnahmen zur Schadensbegrenzung („Containment"): Diese dienen dazu, den Kunden sofort vor (weiterem) Schaden durch den Gebrauch des fehlerhaften Produktes zu schützen. Dies können sein:
   Lieferstopp des Produktes, Rückholmaßnahmen, Information weiterer Kunden, die das Produkt verwenden, Nutzungs-/Nichtnutzungs-Empfehlungen, zusätzliche Tests und Prüfungen . . .
   Die Wirksamkeit der temporären Maßnahmen muss kontinuierlich überprüft werden; ggfalls. müssen andere oder zusätzliche Maßnahmen ergriffen werden.
4. Ursachenermittlung:
   Auflistung möglicher Ursachen, Vergleich mit der Problembeschreibung, zusätzliche Tests und Versuche.
   Anwendung der Problemlösetechnik (PLT), bei der eine sogenannte Ist-Ist nicht Analyse durchgeführt wird, anhand derer Hypothesen (mögliche Fehlerursachen) getestet werden.

Ein **einfaches PLT-Beispiel**: defektes Fahrradrücklicht anhand einer Ist-Ist nicht-Analyse:

	Ist	Ist nicht
1. Wo geografisch	Innenstadt	außerhalb
2. Wo am Objekt (Rad)	Rücklicht	Frontlicht
3. Frequenz	flackert	immer

Auflistung möglicher Hypothesen (Ursachen) und Test gegen die Analyse:

H1: Birne durchgebrannt	Widerspruch zu 1. und 3.
H2: Dynamo defekt	Widerspruch zu 1. 2. 3.
H3: kein Massekontakt	Widerspruch zu 1. und 3.

Zusatzannahme: Rütteln auf dem Kopfsteinpflaster der Innenstadt erzeugt temporären Wackelkontakt Widerspruch zu H3 aufgelöst;
Überprüfung (Test, Experiment) bestätigt H3. Masseschraube ist locker.

5. Abstellmaßnahmen festlegen:
   Auswahl der optimalen Abstellmaßnahmen mit Überprüfung der nachhaltigen Wirksamkeit; Ergebnisse aus 4.) können verwendet werden (Experiment, DoE); Risikobewertung der notwendigen Änderungen (FMEA).
6. Abstellmaßnahmen einführen:
   flächendeckend Umsetzung der Maßnahmen, ggfalls temporäre Einführung zusätzlicher Wirksamkeitskontrollen, **Überprüfung der Wirksamkeit beim Kunden**, abschließende Risikobewertung.
7. Standardisierung:
   Überprüfung, ob das Problem bei anderen Produkten, Prozessen, Fertigungslinien (latent) vorhanden ist, und Übertragen der Maßnahmen aus 5.).
   Überprüfung, ob in relevanten Geschäftsprozessen, Methoden und Werkzeugen und deren Anwendung Schwachstellen vorhanden sind, die das Auftreten des Problems begünstigt haben.

Beispiel

Ein Problem entstand als „Nebenwirkung" einer Prozessänderung zur Kostenreduzierung und wurde als möglicher Fehler im Vorfeld nicht erkannt. Die Risikobewertung für die Änderung war unzureichend. Als Maßnahme wurden der Risikobewertungsprozess (FMEA) überarbeitet und flächendeckende Schulungen durchgeführt.

8. Würdigung der Leistung und Entlastung des Teams („feiere deine Erfolge")

Grundsatz: die Acht-Schritte-Methode wird nicht nur im Rahmen der Beschwerdebearbeitung genutzt, sondern gilt als die **Standardmethode für Problemlösungen** jeder Art und Ursache.

7.2   Statistik-basierte Methoden und Prozesse

Qualitätsprüfungen und Überprüfungen der Fertigungsprozesse finden fast immer als Stichprobenprüfungen statt. Man muss also aus den Ergebnissen der Stichprobe auf die Eigenschaft der Grundgesamtheit schließen können:

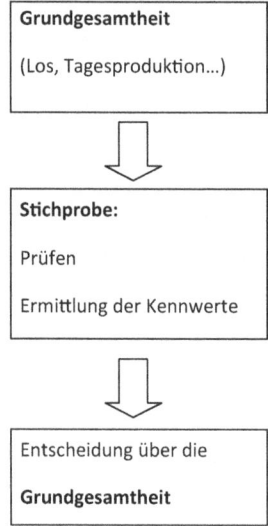

Dazu benötigt man ein zumindest grundlegendes Wissen über Statistik.

7.2.1   Statistische Grundlagen

Dieses Kapitel gibt einen Einblick in die benötigten Grundlagen der Statistik in Kurzform.

Wahrscheinlichkeit Definition: die Wahrscheinlichkeit P, dass ein Ereignis oder eine Kombination von Ereignissen auftritt, ist gegeben durch:

$$P = \frac{\textit{Anzahl günstiger (gewollter) Ereignisse}}{\textit{Anzahl möglicher Ereignisse}}$$

Beispiel: Würfel

Gewolltes Ereignis	Augenzahl 4: Anzahl 1 (**eine** Fläche hat Augenzahl 4)
Mögliche Ereignisse	6 (die 6 Würfelflächen)
P(Augenzahl 4) = 1/6,	d. h. 16,7 %

Experimentell erhält man erst nach sehr vielen Versuchen (genaugenommen unendlich vielen) die exakte Wahrscheinlichkeit eines Ereignisses.

Auch liefern hintereinander durchgeführte Versuchsserien nicht identische Ergebnisse. Die Versuchsserien sind nichts anderes als die Stichproben, wie sie bei der Qualitätsprüfung untersucht werden.

Beispiel

Würfel, günstiges Ereignis: Augenzahl 4.

Oben wurde gezeigt, dass diese Wahrscheinlichkeit 1/6 beträgt. Nach 30-mal würfeln sollte also

30 × 1/6 = 5 mal die vier gefallen sein.

Versuch 1: Augenzahlen

5, 4, 2, 5, 2, 6, 1, 5, 1, 4, 1, 4, 4, 6, 5, 4, 2, 3, 1, 5, 1, 3, 4, 2, 3, 5, 6, 4, 5, 4

Versuch 2:

1, 1, 2, 2, 3, 6, 3, 1, 3, 2, 3, 5, 5, 4, 6, 6, 6, 2, 6, 4, 2, 3, 4, 5, 5, 1, 3, 5, 5, 1

Versuch 3:

2, 6, 3, 2, 2, 1, 1, 5, 2, 4, 5, 1, 1, 1, 3, 6, 3, 4, 1, 5, 4, 3, 5, 1, 4, 2, 4, 4, 6, 3

Ergebnis:

Versuch1	*Augenzahl 4 erscheint 8-mal*	*P = 8/30 = 26,7 %*
Versuch 2	*Augenzahl 4 erscheint 3-mal*	*P = 3/30 = 10 %*
Versuch 3	*Augenzahl 4 erscheint 6-mal*	*P = 6/30 = 20 %*

Bei gleicher Grundgesamtheit liefert jedes Experiment (= Stichprobe) ein anderes Ergebnis.

Nun muss ja (s. oben) aus dem Ergebnis der Stichprobe auf die Grundgesamtheit geschlossen werden. Sei z. B. hier festgelegt, dass ein Würfel gut (nicht gezinkt) ist, wenn die Augenzahl 4 in mindestens 13 %, höchstens 21 % der Würfe auftritt so würde

nach Versuch 1 der Würfel gezinkt

nach Versuch 2 der Würfel gezinkt

nach Versuch 3 der Würfel in Ordnung

sein.

Es handelt sich immer um denselben Würfel!

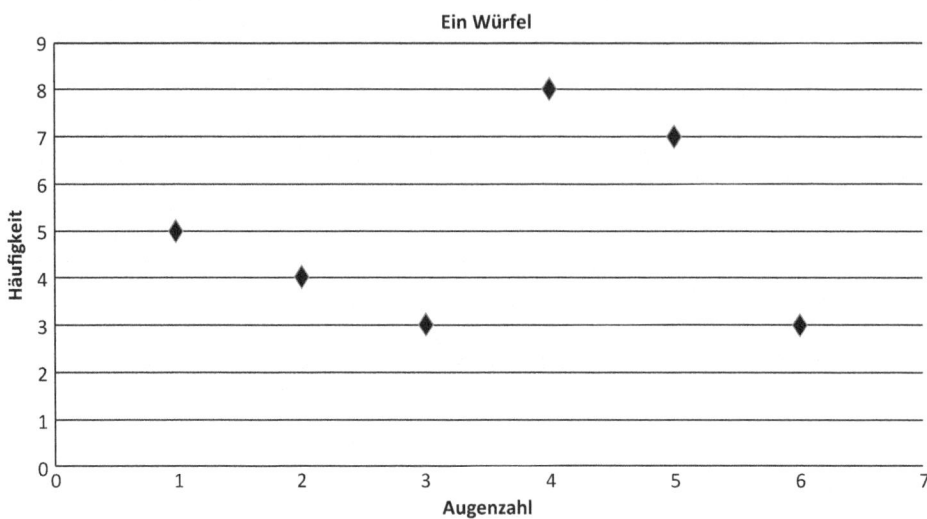

Abb. 7.12 Ein-Würfel-Versuch Häufigkeitsverteilung

Dieses einfache Beispiel macht klar, warum bei Stichprobeninterpretationen Vorsicht geboten ist. Im Punkt „Vertrauensbereich und Stichprobengröße" wird dies weiter erläutert.

Häufigkeitsverteilungen Trägt man bei einer Versuchsreihe die Häufigkeiten aller möglichen Ereignisse in ein Diagramm ein, so erhält man eine Häufigkeitsverteilung (bei unendlich vielen Versuchen die Wahrscheinlichkeitsverteilung).

Abbildung 7.12 zeigt die Häufigkeitsverteilung aus Versuch 1 des obigen Beispiels.

(Bei unendlich vielen Würfen würde natürlich für jede Augenzahl die gleiche Häufigkeit ermittelt werden, die oben berechneten 16,7 %).

Tragen zu einem Merkmalswert (z. B. einem zu prüfenden Produkt-oder Prozessparameter) sehr viele zufällige Ereignisse bei (im Beispiel: würfeln mit sehr vielen Würfeln), so entsteht als Häufigkeitsverteilung die

Normalverteilung (Gauß-Funktion) der Abb. 7.13 (auch: Gauß'sche Glockenkurve)

Die zugehörige Formel lautet:

$$\varphi(x) = \frac{1}{\sigma\sqrt{2\pi}}e^{-\frac{(x-\mu)^2}{2\sigma^2}}$$

Dabei gibt μ die Lage, d. h. den x-Wert des Maximums der Kurve,

σ die Breite der Verteilung an.

Die Standard-Normalverteilung hat ihr Maximum bei x = 0 und besitzt die Breite $\sigma = 1$, sodass die zugehörige Formel lautet:

$$\varphi(x) = \frac{1}{\sqrt{2\pi}}e^{-\frac{(x)^2}{2}}$$

Abb. 7.13 Standard-
Normalverteilung

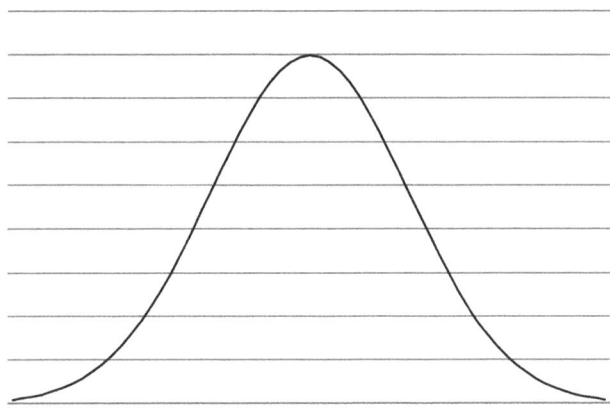

Für die Normalverteilung gilt:

Im Bereich	Zwischen	$\mu - \sigma$ und $\mu + \sigma$	liegen 68,2 %
	Zwischen	$\mu - 2\sigma$ und $\mu + 2\sigma$	liegen 95,4 %
	zwischen	$\mu - 3\sigma$ und $\mu + 3\sigma$	liegen 99,7 %

aller Werte.

Die Normalverteilung beschreibt viele Naturvorgänge, ist mathematisch gut handhabbar und ist deshalb Grundlage für viele statistische Methoden wie z. B. die Ermittlung der Prozessfähigkeit (Kap. 7.2.3), Statistische Prozessregelung (Kap. 7.2.4) und Messsystemanalyse (Kap. 7.2.5).

Grundsatz: Die Anwendung von normalverteilungsbasierten Methoden auf nicht normalverteilte Daten kann zu falschen Ergebnissen führen.

Nicht normalverteilte Daten entstehen insbesondere durch Mischung/Kombination mehrerer Normalverteilungen, beispielsweise Daten von zwei oder mehreren parallel eingesetzten Produktionsanlagen, Mischungen von Materialchargen, zeitliche Trends oder Sprünge. Abhilfe ist hier die Segmentierung, d. h. das getrennte Prüfen oder Auswerten der Daten nach den entsprechenden Segmentierungsfaktoren (Maschinen, Materialchargen, Zeitbereiche). Daneben gibt es noch hier nicht weiter diskutierte mathematische Verfahren, um nicht normalverteilte Daten durch Transformationen normalverteilt zu machen (Box-Cox-Transformationen).

Kennwerte von Stichproben Gehorchen die Daten einer Grundgesamtheit und damit auch die Daten der entnommenen Stichprobe der Normalverteilung, so wird diese durch folgende Kennwerte vollständig beschrieben:

Stichprobenumfang: n, Messwerte x_1, x_2, ... x_n

Mittelwert

$$\bar{x} = \frac{x1 + x2 + \dots xn}{n} = \frac{\sum_1^n x_i}{n}$$

Standardabweichung

Sie beschreibt die Streuung der Daten, d. h. die Breite der Normalverteilung.

$$s = \sqrt{\frac{\sum_1^n (x_i - \bar{x})^2}{n - 1}}$$

Spannweite (Range)

Sie wird oft als Ersatz für die Standardabweichung verwendet. Sie ist einfacher zu bestimmen, aber ungenauer.

$$R = x_{max} - x_{min}$$

Dabei sind $\bar{x}$ unds (berechnet aus der Stichprobe) Schätzungen für die Kennwerte der Grundgesamtheit μ und σ.

Vertrauensintervall und Stichprobengröße

Wie das Würfel-Beispiel schon gezeigt hat, hängt die Güte der Schätzung von der Anzahl der Messwerte n ab.

Wünscht man, dass die Mittelwerte der einzelnen Stichproben mit 95 %iger Wahrscheinlichkeit in einem vorgegebenem Intervall Δ um μ liegen sollen:

$$\bar{x} \in [\mu - \Delta, \mu + \Delta]$$

so ergibt sich daraus die notwendige Stichprobengröße zu:

$$n = \left(\frac{1{,}96\sigma}{\Delta}\right)^2$$

Umgekehrt liegt also das Maximum der Grundgesamtheit μ mit einer Wahrscheinlichkeit von 95 % im Intervall $[\bar{x} - \Delta, \bar{x} + \Delta]$ um den Mittelwert $\bar{x}$ einer Stichprobe.

Die (nicht bekannte) Standardabweichung σ der Grundgesamtheit wird dabei durch die Standardabweichungen der Stichproben angenähert.

7.2.2 Qualitätsprüfung

Die Qualitätsprüfung ist Teil der Qualitätslenkung.

Sie überprüft **das Produkt** auf Einhaltung/Erreichung von Qualitätsmerkmalen und Produkteigenschaften nach festgelegten Fertigungsabschnitten in Form von Zwischenprüfungen und nach Abschluss der Fertigung durch die Endprüfung. Anhand der

Ergebnisse der Produktprüfungen erfolgt die Disposition des Produktes (Entscheidung über Lieferung, Sortierung, Nacharbeit oder Verwurf).

Sie überprüft die Stabilität und Konformität **der Prozesse** anhand von Produkt-Zwischenprüfungen und/oder anhand von relevanten Prozessdaten.

(Konformität: die Fähigkeit eines Prozesses, ein Produkt zu erzeugen, das die Qualitätsanforderungen erfüllt).

7.2.2.1 Ablauf der Qualitätsprüfung

Man unterscheidet die Teilabschnitte (nach Pfeifer T, 1993):

- Prüfplanung
- Durchführung und Dokumentation der Ergebnisse
- Analyse
- Ableitung von Maßnahmen

Prüfplanung

Das Ergebnis der Prüfplanung ist der Prüfplan, anhand dessen die weiteren Abschnitte der Prüfung durchgeführt werden. Die Prüfplanung beinhaltet folgende zehn Elemente, die im Prüfplan dokumentiert sind:

1. Kopfdaten: organisatorische Informationen, Dokument-Nummer, Produkt, Arbeitsplan, Freigabedatum, Skizzen, technische Zeichnungen.
2. Auswahl der Prüfmerkmale („WAS")
   Die zu prüfenden Parameter inklusive der vorgegebenen Toleranzen/Spezifikationen werden festgelegt. Als Prüfmerkmale treten insbesondere auf:
   Qualitätsmerkmale, Ergebnisse von Risikobewertungen (z. B. erlaubte Fertigungstoleranzen), Reklamationen und Retouren.
3. Festlegung der Prüfzeitpunkte („WANN")
   Es wird festgelegt, an welchen Stellen des Prozessablaufes Prüfungen durchzuführen sind. Als Kriterien dienen das Schadensrisiko, das nicht entdeckte Fehler beinhalten, und die Prüfkosten. Temporär auftretende neue Fehler oder Anstieg der Fehlerhäufigkeit z. B. durch Fertigungsprobleme ziehen oft temporäre zusätzliche Prüfungen nach sich.
4. Festlegung der Prüfart („WIE")
   Es wird festgelegt, ob es sich um eine attributive oder eine quantitative Prüfung handelt.
5. Festlegung des Prüfumfanges ("WIEVIEL")
   Der Prüfumfang wird festgelegt. Kriterien dafür sind die Fehlerart (100 %-Prüfung kritischer Fehler!) und Fehlerhäufigkeit. Auch hier gilt wie
   unter 3.): temporär auftretende neue Fehler oder Anstieg der Fehlerhäufigkeit ziehen oft eine temporäre Erhöhung des Prüfumfanges nach sich (z. B. temporäre 100 %-Prüfung statt Stichprobenprüfung bei einem Fertigungsproblem). Umgekehrt können

Fehlersammelliste

| Produkt: | PC-Motherboard |
| Produktnummer: | xxxxx |

Prozess:	Endmontage
Ort:	Prüfplatz xx
Umfang:	100%
Prüfer:	NN

	Fehlerart	Mo	Di	MI	Do	Fr	Sa	So	Summe
1	Bauteil fehlt	5	2	3	0	4	1	1	16
2	Platine beschädigt	0	0	2	1	0	3	0	6
3	Lötstelle fehlt	5	6	4	7	5	4	6	37
4	Verschmutzung	3	2	5	3	4	2	1	20
5	Kratzer	1	1	1	3	0	2	0	8
	Summe	14	11	15	14	13	12	8	**87**

| Woche | cw 38 |

Abb. 7.14 Fehlersammelliste

Prüfumfänge reduziert werden, wenn über definierte Zeiträume oder geprüfte Mengen keine Fehler aufgetreten sind (dynamische Prüfplanung).

6. Festlegung von Prüfort und Personal („WO" und „WER")
   Es wird festgelegt, wo die Prüfung stattfindet. Dies beinhaltet auch die Anforderungen an klimatische oder andere notwendige Umweltbedingungen des Prüfortes. Es wird festgelegt, wer die Prüfung durchzuführen hat. Dies beinhaltet geforderte Qualifikation und Ausbildung des Prüfers.

7. Auswahl der Prüfmittel („WOMIT")
   Es wird festgelegt, mit welchem Prüfmittel/Messsystem die Prüfung durchgeführt werden muss.

8. Festlegung des Prüftextes
   Er enthält ergänzende Informationen und Anweisungen, die für die Durchführung der Prüfung benötigt werden. Beispielsweise kann dies ein Fehlerbildkatalog bei optischer Prüfung sein.

9. Festlegung der Prüfdokumentation
   Es wird festgelegt, in welcher Form die Prüfergebnisse zu dokumentieren sind. Dies kann z. B. sein: die Fehlersammelliste (Abb. 7.14) bei attributiver Prüfung, die Qualitätsregelkarte bei Prüfung am Prozess, ein Formular, eine Eingabemaske in ein Datenbanksystem.

10. Festlegung der Prüfdatenverarbeitung
    Hier wird festgelegt, in welcher Form die Prüfdaten zu analysieren und aufzubereiten sind, wem sie zugänglich gemacht werden, und wer adäquate Maßnahmen zu ergreifen hat.

Abbildung 7.14 zeigt beispielhaft eine Fehlersammelliste.

Durchführung und Dokumentation Die Prüfung wird gemäß Prüfplan von geschultem und autorisiertem Personal durchgeführt. Die Ergebnisse werden entsprechend der im Prüfplan getroffenen Festlegungen dokumentiert.

Analyse Die Prüfdaten werden unter Anwendung statistischer Methoden analysiert und aufbereitet. Abweichungen, zeitliche Trends und andere Auffälligkeiten werden festgestellt und aufgezeigt. Zusammenfassungen werden in Form von Qualitätsberichten zur Verfügung gestellt. Diese dienen u. a. auch der Qualitätssicherung.

Maßnahmen Aus den Ergebnissen und der Analyse werden folgende Maßnahmen abgeleitet:

- Prozess-Korrekturen
- Änderungen von Prüffrequenzen und Prüfumfängen

Grundsatz:
Dies muss nicht immer, wie oben angeführt, in Richtung häufigerer und umfangreicherer Prüfungen gehen. Das Konzept der **dynamischen Prüfplanung** erlaubt, Prüfinhalte, Häufigkeiten und Umfänge zu reduzieren, wenn entsprechende Fehlerhäufigkeiten statistisch stabil unterhalb vorgegebener Grenzen liegen.

- Einleiten von Produkt- und Verbesserungsmaßnahmen (KVP)

Hinweis:
Das Aussortieren fehlerhafter Produkte erfolgt bereits bei der Durchführung der Prüfung.

7.2.2.2 Produkt-Stichprobenprüfung

Stichprobenprüfungen am Produkt dienen insbesondere dazu, im Fertigungsablauf über die Verwendung von Produktionslosen zu entscheiden. (Ein Los ist eine Anzahl gemeinsam gefertigter Produkte).

Die zugehörige Stichprobenanweisung (Notation: n-c) ist gekennzeichnet durch:

n: Stichprobengröße
c: Annahmezahl; werden in der Stichprobe $\leq$ c Fehler gefunden, so wird das Los angenommen, ab einer Fehlerzahl $c + 1$ wird das Los zurückgewiesen.

Stichprobenprüfungen werden sowohl als Zwischen-, wie als Endprüfung durchgeführt.

Abbildung 7.15 zeigt den schematischen Ablauf einer **125–3** Stichprobe (Losgröße $N = 300$).

Abb.
7.15 Stichprobenprüfung

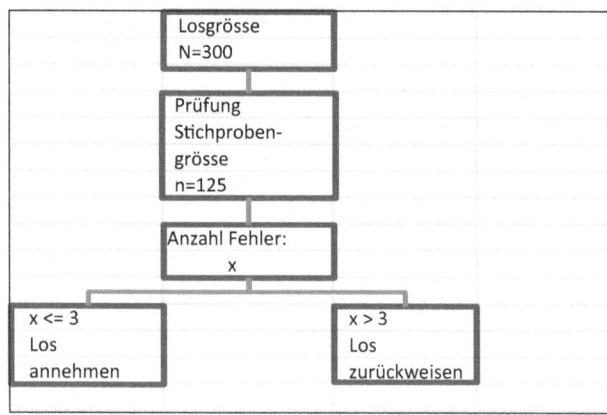

Lieferanten- und Abnehmerrisiko Im Beispiel der 125–3-Prüfung bei Losgröße $N = 300$ darf ein Los

300*3/125 = 7 schlechte Teile enthalten.

Eine Stichprobe liefert hier aber nur eine Schätzung und kann daher zu fehlerhafter Disposition führen (siehe das Würfelbeispiel in Kap. 7.2.1)

Es treten auf:

Fehler 1. Art Das Los (Grundgesamtheit) enthält nicht mehr als die vorgegebene Anzahl schlechter Teile (7 im Beispiel), aber die Stichprobe enthält mehr Schlechtteile, als im Stichprobenplan definiert (mehr als 3 im Beispiel):

Die Konsequenz ist die Rückweisung eines guten Loses; dies wird als Lieferantenrisiko bezeichnet (der Lieferant kann ein gutes Los nicht liefern).

Fehler 2. Art Das Los enthält mehr Schlechtteile, als erlaubt, aber in der Stichprobe findet sich eine Fehlerzahl < c.

ein schlechtes Los wird geliefert; dies wird als Abnehmerrisiko bezeichnet.

Bei gegebener Losgrösse N und Stichprobengröße n ist die Wahrscheinlichkeit **L(p)**, dass ein Los geliefert werden kann von der tatsächlichen Fehlerzahl **p** im Los abhängig (die Stichprobenwerte streuen ja um den tatsächlichen Wert des Loses). Dies wird in der Operationscharakteristik dargestellt:

In Abb. 7.16 ist ein erlaubter Fehleranteil von 1/40 = 2,5 % angenommen (strichpunktierte Linie). Bei diesem Fehleranteil beträgt die Los-Annahmewahrscheinlichkeit ca. 80 % (obwohl die Grundgesamtheit die Anforderung erfüllt), der Fehler 1. Art ist also ca. 20 % (gestrichelte Linie).

Entsprechend wird ein Los mit einem knapp nicht mehr zulässigen Fehleranteil zu ca. 80 % geliefert (Fehler 2. Art).

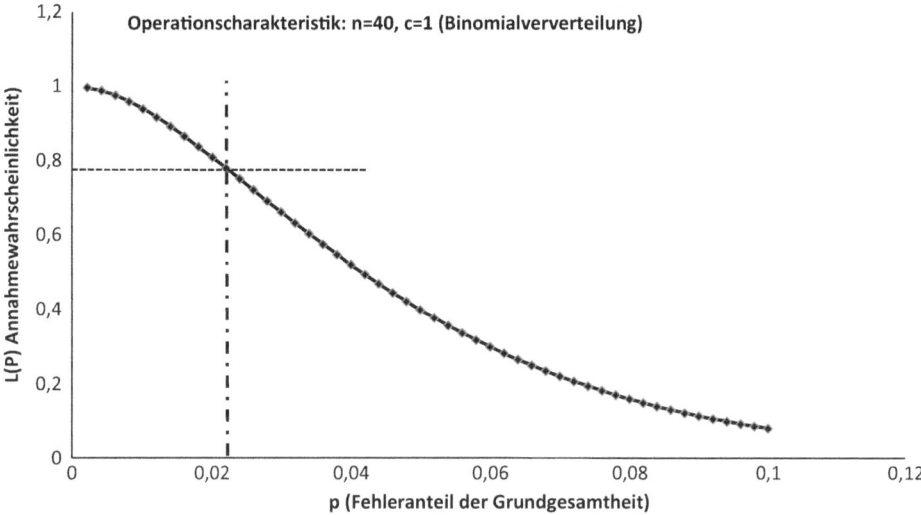

Abb. 7.16 Stichproben-Operationscharakteristik

Wichtiger Grundsatz:

- die Stichprobengröße beeinflußt direkt die Größe der Fehler 1. Art und 2. Art, da sie ja die erlaubte Abweichung der Stichprobenwerte vom Wert der Grundgesamtheit definiert (siehe Formel in Kap. 7.2.1)
- Stichproben müssen möglichst repräsentativ für die Grundgesamtheit sein; dies wird über Entnahmevorschriften geregelt (z. B. Entnahme von Produkten gleichmäßig über die Produktionszeit, gleiche Berücksichtigung aller Maschinen bei Parallelfertigung, etc.).

7.2.3 Ermittlung der Prozessfähigkeit

Diese Methode dient dazu, die Konformität der Fertigungsprozesse und Fertigungsanlagen aufrechtzuerhalten und zu verbessern. (Konformität: Fähigkeit der Prozesse und Anlagen, Produkte mit der geforderten Qualität zu erzeugen).

Man unterscheidet:

- die Kurzzeituntersuchung einer Fertigungsanlage/Maschine: Maschinenfähigkeitsuntersuchung (MFU); diese kommt zum Einsatz insbesondere vor der Erstnutzung, nach Wartungseingriffen oder konstruktiven Veränderungen der Anlage und dient der Freigabe der Anlage für die Fertigung.

- die Untersuchung des Fertigungsprozesses: Prozessfähigkeitsuntersuchung (PFU); diese wird regelmäßig durchgeführt, um die Konformität des Prozesses zu überwachen und, falls nötig, zu korrigieren.

Beide Methoden basieren auf denselben statistischen Grundlagen:

Es wird angenommen, dass die Maschine bzw. der Prozess Produkte mit normalverteilten Merkmalswerten erzeugt.

Die Verteilung dieser Merkmale (oft Qualitätsmerkmale) wird anhand von Stichprobenprüfungen erhoben und durch die Kennwerte $\bar{x}$ *und* s beschrieben. Diese werden mit den festgelegten Toleranzen (Spezifikationsgrenzen) verglichen. Daraus werden Kennzahlen für die Stabilität von Anlagen und Prozessen berechnet:

- Maschinenfähigkeitsindizes c_m, c_{mk}
- Prozessfähigkeitsindizes c_p, c_{pk}

Die genaue Definition und Berechnung dieser Indizes folgt weiter unten

Maschinenfähigkeitsuntersuchung (MFU) Sie dient der Freigabe einer Anlage nach Wartungseingriffen, und der Erstabnahme einer neuen Anlage.

Oft werden die erzeugten Daten auch als Vorlauf bei der Einführung von QRK verwendet (siehe dort).

Vorgehen:

1. Erzeugung von ausreichend vielen (Faustregel ~ 50) Messdaten; dabei möglichst Ausschluss von Störeinflüssen durch Umwelt, Material, Bedienpersonal.
2. Berechnung von $\bar{x}$ und s als Schätzungen von μ und σ der Verteilung; dabei Überprüfung auf Normalverteilung der Daten.
3. Berechnung der Fertigungsstreuung; üblicherweise definiert man diese als $6*s$ (bei einer Normalverteilung liegen 99,73 % aller Werte innerhalb eines $\pm 3*s$ Intervalls um $\bar{x}$)
4. Vergleich mit der geforderten Toleranzbreite T = oberer Grenzwert (OGW) – unterer Grenzwert (UGW)

Berechnung des Maschinenfähigkeitsindex:

$$c_m = \frac{T}{6s}$$

Der c_m – Wert gibt also an, wie viele Streubreiten der Normalverteilung in die Toleranzbreite T „passen". Daraus kann man berechnen, wie hoch der Anteil der Werte außerhalb der Toleranz bei gegebenem c_m ist: folgende Tabelle veranschaulicht dies für den Fall, dass $\bar{x}$ in der Mitte des Toleranzbereiches liegt; (dpm: defective parts per million):

s	c_m	Werte außer Toleranz (dpm)
T/6	1	2700
T/8	1,33	63
T/10	1,67	0,57
T712	2	0,02

Neben der Streubreite der Datenverteilung spielt auch die **Zentrierung** der Daten relativ zur Toleranz offensichtlich eine entscheidende Rolle: ein Prozess mit geringer Streuung, dessen Ergebnisse außerhalb der Toleranz liegen, erzeugt ja keine konformen Produkte. Daher muss man neben der Fertigungsstreuung auch die Lage des Mittelwertes $\bar{x}$ relativ zur Toleranzmitte (Mitte des Spezifikationsbereiches) betrachten.

Dies führt auf den Maschinenfähigkeits-Kennwert:

$$c_{mk} = Min\left(\frac{\bar{x} - UGW}{3s}; \frac{OGW - \bar{x}}{3s}\right)$$

Bei idealer Zentrierung wird natürlich $c_{mk} = c_m$

Für die zu erreichenden Maschinenfähigkeitswerte gibt es je nach Branche unterschiedliche Anforderungen. Die Automobilindustrie z. B. fordert:

$$c_m > 2, c_{mk} > 1,67$$

Prozessfähigkeitsuntersuchung (PFU) und Prozessfähigkeit Vorgehen, Definitionen und Berechnungen der Kennzahlen unterscheiden sich nicht von denen der MFU. Der Unterschied besteht in der Bewertung regelmäßiger, kontinuierlicher Stichprobenentnahmen aus einem festgelegten Zeitraum, d. h. es werden die Daten aus mehreren Stichproben (z. B. alle Ergebnisse eines Quartals) zur Berechnung herangezogen.

An die Stelle der Maschinenfähigkeitsindizes c_m und c_{mk} treten die Prozessfähigkeitsindizes:

$$c_p \text{ und } c_{pk}.$$

Im Gegensatz zur MFU werden hier nicht nur die Eigenschaften der Maschine bewertet, sondern alle Einflüsse, die sich auf die Prozessstreuung und –Lage auswirken, die „7 M" : Mensch, Material, Maschine, Methode, Mitwelt, Messung, Management.

Naturgemäß sind daher die Anforderungen an Prozessfähigkeitskennzahlen geringer als an die zugehörigen Maschinenfähigkeitskennzahlen (eigentlich ist es umgekehrt: um die Anforderungen an die Prozesse erreichen zu können, müssen die Kennzahlen der eingesetzten Maschinen entsprechend höher sein, da sie ja nur einen Anteil zur gesamten Prozessfähigkeit beisteuern).

Die Anforderungen der Automobilindustrie sind hier:

$$c_p > 1,67, c_{pk} > 1,33$$

Wichtige Grundsätze:

- Um ihre eigenen Anforderungen erfüllen zu können, bauen die Automobilhersteller „Vorhalte" für ihre Zulieferer ein, und fordern von diesen (teilweise) $c_{pk} > 2$.
- Mathematisch kann man die Prozessfähigkeitskennzahlen natürlich auch durch Aufweitung der Toleranzbreite bzw. der Lage der Toleranz/Spezifikation verbessern. Dies ist eine immer wieder geführte Diskussion („brauchen wir wirklich so enge Spezifikationen?"). Es sei eindringlich davor gewarnt, dies ohne ausreichende statistisch belastbare Untersuchungen zu tun (Auslotung der Spezifikationsgrenzen bezüglich deren Einfluss auf die Produktqualität mit DoE).

7.2.4 Statistische Prozessregelung (SPC)

Aufgabe der statistischen Prozessregelung ist es, einen konformen Prozess, der die c_{pk} – Vorgaben erfüllt, stabil konform zu **halten.**

Prinzip: Genau wie bei der Ermittlung der Prozesskennwerte werden in regelmäßigen Abständen Stichprobenprüfungen durchgeführt. Im Gegensatz dazu wird aber **jedes** Stichprobenergebnis als Basis zu ergreifender Maßnahmen genutzt.

Es wird angenommen, dass der untersuchte Prozess **zeitlich stabil** Daten liefert, die einer Normalverteilung mit festem $\bar{x}$ und s gehorchen.

Die Messdaten liegen somit mit 99,7 % iger Wahrscheinlichkeit innerhalb des $\pm 3s$-Intervalls um $\bar{x}$.

Daraus leitet man Kontroll-/Eingreifsgrenzen für den Prozess ab:

- OKL (Obere Kontrolllinie): OKL $= \bar{x} + 3s$
- UKL (Untere Kontrolllinie): UKL $= \bar{x} - 3s$.

Liegen die ermittelten Prozessdaten innerhalb der beiden Kontrollgrenzen, so wird der Prozess als in Ordnung befindlich angenommen.

Häufig werden QRK verwendet, die zusätzlich Warngrenzen bei $\bar{x} \pm 2s$ enthalten.

Werte außerhalb der Kontrollgrenzen interpretiert man als Abweichungen des Prozesses, die weitere Maßnahmen erfordern. Entsprechend Kap. 7.2.1 sollten ja 99,7 % aller Messdaten „innerhalb" der Kontrollgrenzen liegen. Daten „außerhalb" sind also unerwartet und daher Indikatoren für unerwünschte Veränderungen des Prozesses. In Abb. 7.17 wird ersichtlich, wie aus der Trenddarstellung (Abb. 7.6) durch Hinzufügen der Kontrolllinien die Qualitätsregel karte (QRK) entsteht.

Maßnahmen bei Verletzung der Kontrollgrenzen:

- Prozessstop
- Nachmessen aller seit der letzten positiven Stichprobe gefertigten Teile
- Analyse und Beseitigen der Problemursache

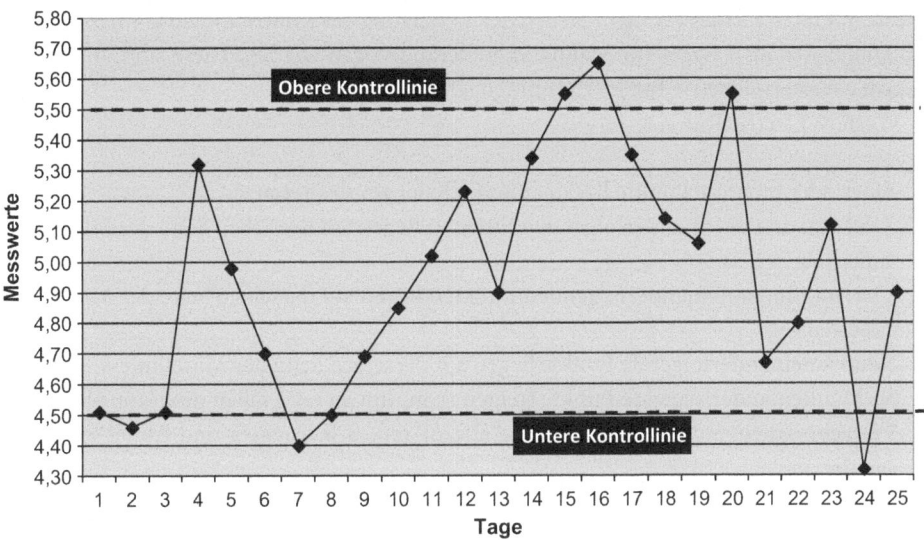

Abb. 7.17 Qualitätsregelkarte (QRK)

Maßnahmen bei Verletzung der Warngrenzen

- Erhöhung der Messfrequenz und/oder der Stichprobengröße
- Überprüfung des Prozesses

Wie in Kap. 7.2.2 beschrieben, treten auch bei der Statistischen Prozessregelung Fehler erster und zweiter Art auf (auch hier handelt es sich ja um eine Stichprobenprüfung):

Fehler 1. Art: Ein Messwert liegt außerhalb der Kontrolllinien, obwohl der Prozess in Ordnung ist (bei Wahl der Kontrolllinien bei $\bar{x} \pm 3s$ liegen naturgemäß 0,3 % aller Werte außerhalb der Kontrolllinien).

Fehler 2. Art: Obwohl der Prozess fehlerhaft ist, liegt der Messwert innerhalb der Kontrolllinien.

Wichtiger Grundsatz: SPC ist eine Methode, die „nur" dazu dient, einen Prozess stabil zu halten. Sie macht keine Aussage darüber, ob der Prozess geeignet ist, die für das Produkt spezifizierten Toleranzen einzuhalten. Letzteres muss in der Phase der Prozessentwicklung sichergestellt werden:

Die Prozessentwicklung stellt sicher, dass $\bar{x}$ und s so sind, dass die geforderten c_{pk} - Werte erreicht werden.

Die Produktion stellt dann mithilfe der Statistischen Prozesskontrolle die Prozessstabilität sicher.

Western Electric Rules (WER) Neben der Verletzung der Kontrolllinien können weitere Auffälligkeiten als Trigger für Maßnahmen herangezogen werden. Diese sind unter dem Begriff „Western Electric Rules" zusammengefasst.

Western Electric Rules:

1. Einer oder mehrere Punkte liegen außerhalb der Kontrollgrenzen
2. Zwei von drei aufeinanderfolgenden Punkten liegen auf derselben Seite der Mittellinie außerhalb $\bar{x} \pm 2s$
3. Vier von fünf aufeinanderfolgenden Punkten liegen auf derselben Seite der Mittellinie außerhalb $\bar{x} \pm s$
4. Neun aufeinanderfolgende Punkte liegen auf derselben Seite der Mittellinie
5. Sechs aufeinanderfolgende Punkte steigen monoton an oder fallen monoton ab
6. Vierzehn aufeinanderfolgende Punkte alternieren, d. h. Anstieg und Abfall wechseln ständig ab
7. Fünfzehn aufeinanderfolgende Punkte liegen innerhalb $\bar{x} \pm s$
8. Acht aufeinanderfolgende Punkte liegen oberhalb oder unterhalb $\bar{x} \pm s$

Erstellung und Pflege von QRK Bei der Erstellung einer neuen QRK wird zunächst ein Vorlauf durchgeführt:

Anhand eines ersten Satzes von Daten (ca. 50) werden vorläufige Kontrollgrenzen berechnet. Nach einer festgelegten Anzahl von Messungen (= Daten in der QRK) werden die endgültigen Kontrollgrenzen berechnet.

Die Neuberechnung von Kontrollgrenzen wird notwendig nach Prozess-Änderungen, insbesondere KVP-Maßnahmen, die eine Reduzierung der Streubreite der Prozessdaten, bzw. eine Prozesszentrierung zum Ziel haben. Daneben sollte in regelmäßigen Abständen (z. B. einmal jährlich) eine Neuberechnung der Kontrolllinien anhand der aktuellsten Daten erfolgen. Dies dient zur Überprüfung. Falls nötig, müssen neue Kontrollgrenzen eingeführt werden.

Wichtiger Grundsatz: Kontrollgrenzen werden im zeitlichen Verlauf niemals aufgeweitet.

Aufbau von QRK QRK sind üblicherweise zweigeteilt:

- Die obere Grafik stellt die Mittelwerte der Stichproben, also die Lage des Prozesses dar ($\bar{x}$-QRK).
- Die untere Grafik stellt s oder R der Stichproben, also die Streuung der Stichprobe dar (s-QRK oder R-QRK); natürlich werden auch für die Stichprobenstreuungen Kontrolllinien berechnet, Analysen durchgeführt und Maßnahmen ergriffen.

Grundsatz: Warum gibt es untere Kontrolllinien für die s-QRK, bzw. R-QRK? Je geringer die Streuung, desto besser ist doch der Prozess?

Auch ein „zu kleines" s, also eine Verletzung der unteren Kontrolllinie deutet auf eine Prozessveränderung hin, der man nachgehen muss. So können z. B. die Ursachen für ungeplante/unerwartete Reduzierungen der Streuung analysiert und aktiv in den Prozess eingebaut werden.

Andererseits können auch fehlerhafte Messmethoden und Messmittel zu einer geringeren Streuung der Messdaten führen.

Wichtiger Grundsatz: Oft werden in QRK zusätzlich die für das herzustellende Produkt relevanten Toleranzgrenzen eingezeichnet. Der Abstand der Kontrolllinien von den Toleranzgrenzen gibt so einen schnellen optischen Eindruck von der Fähigkeit des Prozesses.

Vorsicht: hier sind Diskussionen der Art vorprogrammiert: „der Wert ist doch innerhalb der Toleranz, wenn auch außerhalb der Kontrolllinien. Wieso ist hier Aktivität nötig?". Dabei wird die prinzipielle Philosophie von SPC außer acht gelassen: Werte ausserhalb der Kontrolllinien, wie auch die Verletzungen der anderen WER, zeigen an dass sich der Prozess verändert hat. Dies erfordert Analyse und Maßnahmen!

7.2.5 Mess-System-Analyse (MSA)

Richtiges Messen ist die Grundlage für alle Qualitätsprüfungen und die von diesen abgeleiteten Maßnahmen.

Einerseits werden aufgrund falscher Messungen oft Fehler nicht erkannt, die sich dann später im Produktlebenszyklus entsprechend dramatisch auswirken (siehe Zehnerregel).

Andererseits sind aufwändige Maßnahmen aufgrund eines fälschlich ermittelten (in der Realität nicht vorhandenen) Problems ein unnötiger Kostentreiber (ein Beispiel für Verschwendung).

Ein Mess-System muss also regelmäßig darauf überprüft werden, ob es geeignet ist, die Messdaten mit ausreichender Genauigkeit und Messstreuung zu produzieren. Dabei beinhaltet das Messsystem das Messmittel, den Messprozess, die Messumgebung, sowie die Ausbildung und Eignung des Messpersonals.

Grundsatz: Offensichtlich ist ein geeigneter Messprozess nicht nur eine wichtige Grundlage zur Erreichung der erforderlichen Qualitätsanforderungen, sondern auch notwendig, um Verschwendung zu vermeiden, und damit den wirtschaftlichen Erfolg des Unternehmens zu sichern.

Ein Messsystem wird durch die Parameter Genauigkeit und Mess-Streuung charakterisiert:

- *Genauigkeit*

Die Genauigkeit ist definiert als Abstand des gemessenen Wertes vom wahren Wert. Die Genauigkeit eines Messsystems wir durch regelmäßige Kalibrierung überprüft. Dabei werden Messungen an Normalen (Eichstandards) durchgeführt, deren Messwert bekannt ist. Die durch das zu untersuchende Messsystem ermittelten Messwerte und deren Abweichungen vom wahren Wert definieren die Genauigkeit. Bei nicht zulässigen Abweichungen ist das Messsystem nachzujustieren oder nicht mehr zu nutzen.

- *Mess-Streuung*

Auch die Durchführung einer Messung ist ein Prozess, der wie jeder andere eine natürliche Streuung aufweist.

Die bei einer Messung beobachtete Streuung setzt sich also zusammen aus der Prozessstreuung, die ermittelt werden soll, **und** der Streuung des Messprozesses. Dieser zusätzliche Beitrag muss möglichst gering gehalten werden: Prozessfähigkeitsuntersuchungen, QRK, sowie abgeleitete Maßnahmen sollen sich ja auf den Prozess und nicht auf das Messsystem beziehen.

Üblicherweise wird die Fähigkeit eines Messsystems direkt auf die Toleranzbreite des zu messenden Produktparameters bezogen. Ein Messsystem gilt als fähig (geeignet, die gewünschten Prozessdaten zu erzeugen), wenn gilt:

$$\frac{6s}{Toleranzbreite} < 0{,}1,$$

s: Streuung durch den Messprozess/das Messsystem

- *Durchführung der Messsystemanalyse (MSA)*

Die MSA dient dazu, die Messstreuung zu bestimmen und nach obiger Formel die Fähigkeit des Messsystems zu überprüfen. Man unterscheidet:

- Eignung von Messmittel und Messprozess (Wiederholbarkeit):
  - Mehrfachmessung desselben Objektes Berechnung der Streuung des Messsystems Überprüfung der Fähigkeit (s. oben). Meist wird als Messobjekt ein „internes Normal" verwendet, dessen Daten z. B. auf ein Eichnormal zurückgeführt sind, sodass aus dem Mittelwert der Messreihe zusätzlich auf die Genauigkeit des Messsystems geschlossen werden kann.
- Eignung des Messpersonals (Reproduzierbarkeit)
  - Mehrere Prüfer messen dasselbe Objekt → Berechnung der Streuung → Überprüfung der Fähigkeit (s. oben).

Anhand der ermittelten Messstreuung und der bekannten Spezifikation des zu messenden Produktes/Teilproduktes wird die Fähigkeit des Messprozesses nach obigem Kriterium ermittelt. Ist die Fähigkeit nicht gegeben, so ist der Messprozess zu sperren und geeignete Maßnahmen sind festzulegen:

Problembeseitigung beim Messgerät, Schulung des Personals etc.

Die Frequenz der MSA ist für jeden Messprozess festzulegen. Die Ergebnisse sind als Qualitätsaufzeichnungen zu dokumentieren.

Hinweis: Oft werden in einem kombinierten Verfahren (mehrere Prüfer messen dasselbe Objekt jeweils mehrfach) Wiederhol- und Reproduzierbarkeit gleichzeitig bestimmt. Statistische Methoden unterstützen bei der Auswertung.

7.3   QM-Methoden im Produktentstehungsprozess

In diesem Kapitel werden die in Kap. 3.2.1.2 aufgeführten, dort als Elemente der QM-Programmplanung bezeichneten, QM-Methoden näher beschrieben:

QFD, QB (auch als Designreview bekannt), FMEA, DoE, MTA.

7.3.1   Quality Function Deployment (QFD)

QFD ist eine systematische, teambasierte Methode, mit der die Kundenanforderungen („WAS") in die technische Lösungen („WIE") und damit in die Qualitätsmerkmale des Produktes umgesetzt werden: Sie erzeugt aus dem Lastenheft des Kunden das Pflichtenheft des Lieferanten. Die Basis ist ein Matrixdiagramm, das die Zusammenhänge zwischen Anforderungen und Lösungen bewertet. Insgesamt werden mehrere Gesichtspunkte eingearbeitet, die in der entsprechenden Aufteilung das **House of Quality** bilden. Dies wird anhand der folgenden Abb. 7.18 näher erläutert. (Man erkennt als Basis das Matrix-Diagramm, Abb. 7.9.)

In der Korrelationsmatrix 1 wird für jedes Qualitätsmerkmal bewertet, inwieweit es geeignet ist, die jeweilige Kundenanforderung zu befriedigen. Die Wirkung wird mit dem 1–3–9-System zahlenmäßig dargestellt: 9 = groß, 3 = mittel,1 = gering. (Natürlich kann die Matrix auch mit anderen numerischen Systematiken bearbeitet werden.)

Die Anzahl der gelisteten Kundenanforderungen ist natürlich nicht auf drei (wie in der Abbildung) beschränkt. Gleiches gilt für die Qualitätsmerkmale und die Wettbewerber.

Die Spalte „Priorität" wichtet numerisch die jeweilige Anforderung aus Sicht des Kunden. Auch hier empfiehlt sich das 1-3-9- Bewertungssystem.

Die Zeile „Spezifikation" gibt für jedes Qualitätsmerkmal die erlaubten Toleranzen an (diese können auch einseitig sein „mindestens xx, höchstens yy", oder attributiv bei nicht-parametrisierbaren Qualitätsmerkmalen).

	Priorität	Qualitätsmerkmal 1	Qualitätsmerkmal 2	Qualitätsmerkmal 3	Qualitätsmerkmal 4	Wettbewerber 1	Wettbewerber 2	Qualitätsmerkmal 1
				2				Qualitätsmerkmal 2
								Qualitätsmerkmal 3
								Qualitätsmerkmal 4
Kundenanforderung 1								
Kundenanforderung 2			1					
Kundenanforderung 3								
Spezifikation								
Wichtigkeit								
Schwierigkeitsgrad								
kritisch:								
						Wettbewerber 1		
						Wettbewerber 2		

Abb. 7.18 House of Quality

Die Zeile „Wichtigkeit" des jeweiligen Qualitätsmerkmals wird berechnet aus der Summe der mit dem jeweiligen Wert der der Spalte „Priorität" multiplizierten Werte der zugehörigen Spalte der Korrelationsmatrix 1.

In der Zeile „Schwierigkeitsgrad" werden Aufwand und Risiko der Realisierung des Qualitätsmerkmals bewertet. Hier empfiehlt sich eine Skala von 1 bis 5.

Die Zeile „kritisch" ist das Produkt aus „Wichtigkeit" und Schwierigkeit.

Die Zeilen „Wichtigkeit", „Schwierigkeit" und „kritisch" sind die Entscheidungsgrundlage dafür, ob ein Qualitätsmerkmal realisiert, modifiziert, oder verworfen werden soll. Zur weiteren Analyse kann man die Qualitätsmerkmale in eine Portfolio-Darstellung bringen. Diese wurde in Kap. 7.1.3 besprochen. Abbildung 7.19 ist hier zur leichteren Lesbarkeit nochmals eingefügt.

Qualitätsmerkmale mit niedriger Schwierigkeit sollten realisiert werden, solche mit niedriger Wirkung und hoher Schwierigkeit sind zu verwerfen. Qualitätsmerkmale in den beiden anderen Quadranten müssen diskutiert werden. Insbesondere Qualitätsmerkmale mit hoher Wirkung und hoher Schwierigkeit müssen oftmals realisiert werden, um die Kundenanforderungen zu befriedigen.

Die Korrelationsmatrix 2 in Abb. 7.20 beschreibt die Wechselwirkung der Qualitätsmerkmale untereinander: Korrelation stark positiv $+2$, positiv $+1$, negativ -1, stark negativ -2. Insbesondere Qualitätsmerkmale mit negativer Korrelation (= gegenläufige Auswirkung auf Kundenanforderungen) müssen bearbeitet werden.

In den Spalten „Wettbewerber" wird bewertet, ob der/die Wettbewerber die entsprechende Kundenanforderung besser (-1), gleich gut (0) oder schlechter $(+1)$ erfüllen.

Abb. 7.19 Portfolio
Qualitätsmaßnahmen

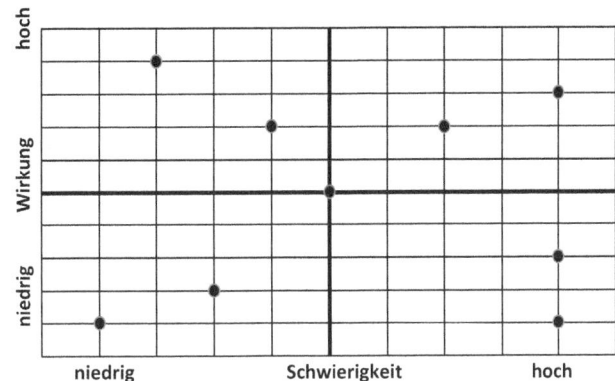

In den Zeilen „Wettbewerber" wird dasselbe Verfahren auf die Qualitätsmerkmale angewendet.

Die Wettbewerber-Analysen geben zusätzliche Entscheidungsgrundlagen zur Realisierung der Qualitätsmerkmale.

Wie Abb. 7.20 zeigt, wird QFD oft in vier aufeinander folgenden Schritten durchgeführt (vgl. Kap. 3.2.1.2):

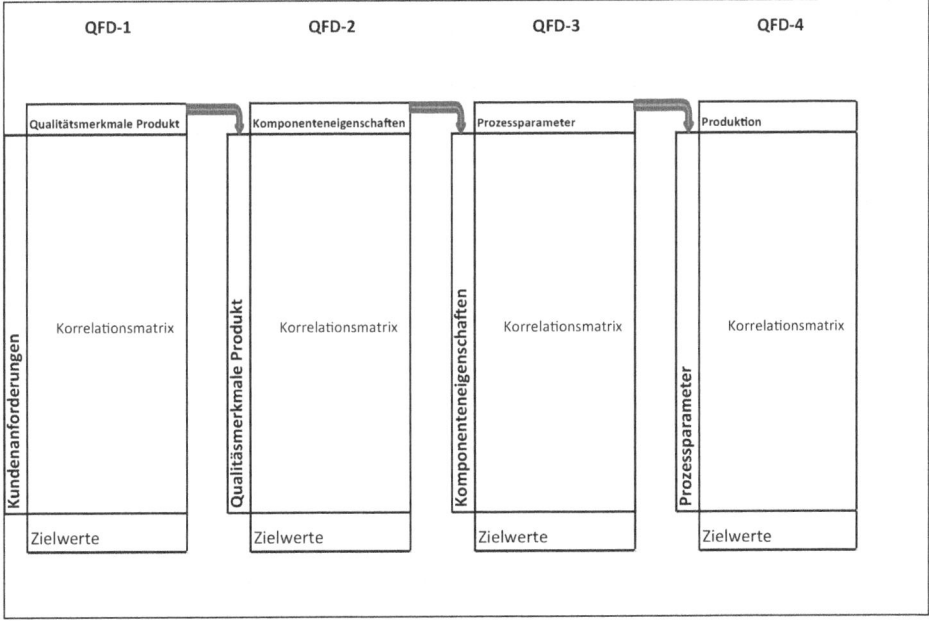

Abb. 7.20 QFD-Phasenmodell

Das „Wie" der Vorebene wird als „Was" in die nächste Ebene übernommen:

- QFD-1: Kundenanforderungen Qualitätsmerkmale des Produktes
- QFD-2: Qualitätsmerkmale des Produktes Qualitätsmerkmale der Komponenten
- QFD-3: Qualitätsmerkmale der Komponenten Prozessparameter
- QFD-4: Prozessparameter Produktionsmittel, Produktionspläne, Ressourcen

7.3.2 Projekt-Review (Qualitätsbewertung)

Die Qualitätsbewertung (QB) ist eine systematische Untersuchung, die im Rahmen des Produktentstehungsprozesses feststellt, ob Produkt und/oder Prozesse fähig sein werden, die Kundenanforderungen zu erfüllen. Sie hat eine „Gate-Funktion", d. h. es wird überprüft, ob die für den Meilenstein (Zeitpunkt der Bewertung) geforderten Ergebnisse vorliegen und entscheidet, ob die Produktentwicklung in die nächste Phase gehen darf.

Ziele des Projekt-Review

- Frühes Erkennen von Abweichungen, Schwachstellen und Risiken und Einleiten von Korrekturmaßnahmen
- Dokumentation der vorliegenden Ergebnisse
- Bereichsübergreifender Informationsaustausch
- Freigabe der nächsten Phase der Produktentwicklung

Durchführung des Projekt-Review Die QB wird im Team durchgeführt. Neben den Projektmitgliedern werden (oft) Experten als neutrale Sachverständige hinzugezogen. Die Durchführung basiert auf den Vorgaben der Projektplanung und auf Checklisten. Sie beinhaltet folgende Punkte:

- Erreichung der Zielwerte der Qualitätsmerkmale
- Einhaltung des Zeitplanes
- Einhaltung des Projektbudgets
- Risikobewertung und Freigabe notwendig gewordener Änderungen
- Erwartete Risiken, Schwachstellen, Probleme in der nächsten Phase
- Korrekturmaßnahmen
- Vollständige Dokumentation
- Freigabe der nächsten Phase durch autorisierte Stellen: Projektauftraggeber, Vorstand, QMB (Qualitätsmanagement-Beauftragter)

7.3.3   FMEA (FehlerMöglichkeits- und Einfluß- Analyse)

Die FMEA ist eine teambasierte, stark formalisierte Methode zur systematischen Erfassung und Analyse möglicher Fehler. Sie dient also zur Risikominimierung und ist ein Werkzeug der vorbeugenden Qualitätslenkung. Sie wird insbesonere bei Produkt- und Prozessänderungen angewendet und ist ein integraler Bestandteil des Änderungsmanagements.

Je nach Anwendung unterscheidet man:

- System/Produkt-FMEA
- Design/Konstruktions-FMEA
- Prozess/Produktions-FMEA

Durchführung der FMEA   Die Durchführung der FMEA erfolgt im Expertenteam und sollte von einem FMEA-Moderator unterstützt werden. Sie wird durch ein FMEA-Formblatt unterstützt, wie in Abb. 7.21 dargestellt:

Die Kopfdaten enthalten die Beschreibung des FMEA-Objektes (System, Produkt, Komponente, Prozess), Bearbeiter, Datum etc.

Die Spalte „Fehlerort" gibt an wo am Produkt oder im Prozess der Fehler auftreten kann, bzw. welcher Teil des Produktes/des Prozesses auf potentielle Fehler untersucht wird.

Potentielle Fehler werden durch ein Brainstorming ermittelt, deren Auswirkung und Ursachen werden dargestellt.

Die Bewertung der Fehler erfolgt durch die Risiko-Prioritätszahl RPZ. Sie ist das Produkt der Parameter:

Auftretenswahrscheinlichkeit	A	(Wertung 1…10)
Bedeutung für den Kunden	B	(Wertung 1…10)
Entdeckungswahrscheinlichkeit	E	(Wertung 1…10)

Ab einer festgelegten RPZ-Schwelle (üblicherweise ab 125) sind Maßnahmen zu ergreifen, die den Fehler verhindern (Minimierung von A) oder leichter entdeckbar machen (Minimierung von E). Die Reduzierung der Bedeutung eines Fehlers für den Kunden (Minimierung von B) kann nur in Abstimmung mit dem Kunden erfolgen und ist nicht sehr häufig.

Natürlich kann/muss man oft mehrere Maßnahmen ergreifen, die auf alle drei Parameter wirken.

Nach Umsetzen der Maßnahmen erfolgt eine Neubewertung. Sie muss zeigen, dass die RPZ nun unter der Schwelle liegt. Ansonsten sind die ergriffenen Maßnahmen nicht ausreichend.

Wichtige Grundsätze:

- FMEA lebt vom Expertenwissen und ist nur im Team erfolgreich.

FMEA-Formblatt   EMF 2010 Jan

Prozess-FMEA ☐   Produkt-FMEA ☐

Name / Abteilung: Prozess- / Produktname:

	Fehlerort / Fehlermerkmal	Potentielle Fehler	Fehlerfolge	Fehlerursache	Kontrollmaßnahmen	Derzeitiger Zustand			
						A*	B*	E*	RPZ*
1.	Ätzprozess	Partikel	Ausbeuteverlust	Beläge der Ätzkammer		3	10	10	300
2.		falsche Temperatur	falsche Oxiddicke->Transistoren funktionieren nicht	Drift der Thermoelemente		3	8	10	240
3.	Gate-Oxidation	Verunreinigungen in der Oxidschicht	degradation der Transistoren	Eintrag der Verunreinigungen durch Aussenluft		2	5	10	100
4.									
5.									
6.									
7.									
8.									
9.									
10.									

A* ... Auftreten
Wahrscheinlichkeit des Auftretens
(Fehler kann vorkommen)

unwahrscheinlich	= 1
sehr gering	= 2-3
gering	= 4-6
mäßig	= 7-8
hoch	= 9-10

B* ... Bedeutung
Auswirkungen auf den Kunden

kaum wahrnehmbar	= 1
unbedeutender Fehler	= 2-3
mäßig schwerer Fehler	= 4-6
schwerer Fehler	= 7-8
äußerst schwerer Fehler	= 9-10

E* ... Entdeckung
Wahrscheinlichkeit der Entdeckung
(vor Auslieferung an Kunden)

hoch	= 1
mäßig	= 2-3
gering	= 4-6
sehr gering	= 7-8
unwahrscheinlich	= 9-10

Abb. 7.21 FMEA-Formblatt

- FMEA ist aufgrund ihrer stark formalisierten Struktur aufwändig und deshalb nicht überall beliebt, obwohl sie sicher die beste Methode der Risikobewertung ist. Für wenig komplexe Fälle wird teilweise eine reduzierte Form der FMEA („FMEA light") eingesetzt, bei der die Bewertung der A, B, E durch die 1-3-9-Bewertung einfacher gehalten ist.
- Die Bewertungsschemata für A, B, E wie auch die RPZ-Schwelle sind eindeutig in einer FMEA-Prozessdokumentation niederzulegen. (Nichts behindert dieFMEA-Durchführung mehr, als die Diskussion in der Teamsitzung, ob das Auftreten A eines Fehlers in 1 von 100 mit A = 1 oder A = 5 oder ... zu bewerten ist.)
- Vor der Durchführung einer FMEA sollte man sich klarmachen, wer mit „Kunde" gemeint ist. Das kann sowohl der Kunde des Unternehmens sein, als auch der Betreiber des nächsten Prozessschrittes (oder beide). Daraus ergeben sich oft unterschiedliche RPZ-Werte:

  Ein Prozessfehler, der dazu führt, dass im nächsten Prozessschritt nur Ausschuss produziert wird, ist für den Nachfolgeprozess katastrophal, für den Endkunden hat er -abgesehen von eventuellen Belieferungsschwierigkeiten- keine Bedeutung, da der Fehler ja nicht bis zu ihm gelangt.

7.3.4   DoE (Design of Experiments): Statistische Versuchsmethodik

Produkt- und Prozessentwicklung, sowie die Eingrenzung von Problemursachen erfordern oft die Variation von Einflußgrößen (Konstruktionsmerkmale, Prozesseinstellungen, Materialeigenschaften, Umweltbedingungen), um das bestmögliche Ergebnis zu finden. In der Notation des QFD ist dies die Variation der „WIE", um die „WAS" zu optimieren.

Daneben werden aus Variationen der Einflußgrößen, d. h. durch Versuchsreihen auch Toleranzbreiten von Prozessparametern bestimmt (siehe dazu auch unter SPC). Man spricht hier von Prozessfenster-Auslotungen.

Beispiel: MOS-Transistor   Bei einem MOS-Transistor wird eine Steuerspannung an das Gate angelegt, die den Strom von Source nach Drain definiert.

Es seien die Produktparameter („WAS") spezifiziert:

Sperrstrom (bei Gatespannung 0 V)< x1 nA

Drainstrom (bei Gatespannung 5V)> x2 mA

Ein wichtiger Prozessparameter, der diese Größen beeinflusst, ist die Dicke d der Isolationsschicht (Gateoxid) zwischen Gate und Source-Drain-Kanal.

Man muss also festlegen, welche Toleranzen d haben darf, damit die Produktparameter erfüllt werden. Dies geschieht durch Variation der Oxiddicke d (d1 < d2 < d3 < d3 < d4 < d5 < d6) und jeweils Messung der der Ströme (n:nicht erfüllt, j:erfüllt):

Beide Kriterien sind erfüllt zwischen d3 und d4. Die erlaubte Prozesstoleranz des Prozessparameters Oxiddicke d ist damit:

d3 ≤ d ≤ d4

(Zusätzlich wird oft ein Sicherheitsvorhalt eingebaut, also der Toleranzbereich eingeschränkt.)

Oxiddicke d	d1	d2	d3	d4	d5	d6
Sperrstrom $< x1$	n	n	j	j	j	j
Drainstrom $> x2$	j	j	j	j	n	n

Variation	Beobachtung	Auswertung/Modellierung

Abb. 7.22 Design of Experiments

In der Realität sind natürlich Produkteigenschaften von mehreren Prozessparametern abhängig, deren Einflüsse untersucht werden müssen.

Insbesondere sind Prozessparameter oft nicht voneinander unabhängig, sondern beeinflussen sich gegenseitig.

DoE ist eine Methodik zur Planung und statistischen Auswertung von Versuchen: die Zusammenhänge von Einflussgrößen (Inputs) und Ergebnissen (Outputs) werden (mit möglichst geringem Aufwand) ermittelt und mathematisch durch ein Polynom (Fitkurve) modelliert, wie in Abb. 7.22 schematisch dargestellt; Wechselwirkungen zwischen den Inputgrößen werden festgestellt und sind im Modell enthalten. Man erkennt Wechselwirkungen im Modell als Produkte der Input-Parameter (x1*x2, x1*x3, x1*x2*x3). Innerhalb des durch die Versuche definierten Bereiches der Inputs können nun die Outputs durch die gefundenen Fitkurven berechnet werden (eine Extrapolation der Fitkurven über den Experimentbereich wird zwar oft durchgeführt, ist aber eigentlich nicht erlaubt und risikobehaftet).

Vorgehen

- Festlegen der Zielgrößen (Outputs), die untersucht werden sollen Festlegen der Einflussgrößen (Inputs), die variiert werden sollen: möglichst vollständig, aber so wenige wie möglich, da die Anzahl der Versuchspunkte exponentiell mit der Anzahl der Einflussgrößen wächst. Hier ist Expertenwissen unumgänglich.
- Festlegen der Stufen/Einstellungen pro Inputgröße (üblich sind zwei Einstellungen „+" und „−"). Mit x: Anzahl der Inputs, k: Anzahl Stufen/Input erhält man eine Gesamtzahl z von Versuchsvariationen: $z = k^x$

- Versuchsdurchführung; dabei sollte auf Minimierung ungewollter Störeinflüsse geachtet werden; insbesondere werden oft bei Mehrfachdurchführung des Experimentes die Versuchsreihenfolgen geändert („Randomisierung"), um ungewollte zeitliche Systematiken zu eliminieren.
- Auswertung mit statistischen Methoden (oft Verwendung von Statistik-Software): Tests auf Normalverteilung, Modellierung der Fitkurven im Versuchsraum, Hypothesentests (diese überprüfen, ob Veränderungen der Output-Größen durch Veränderung der Input-Größen oder durch zufällige Streuung verursacht sind. **Deshalb muss jede Versuchseinstellung mehrfach durchgeführt werden**.

7.3.5 MTA (Meilenstein-Trendanalyse)

Die MTA ist eine im Projektmanagement angewendete Methode, um die zeitliche Entwicklung eines Projektes zu überwachen.

Wie in Kap. 6.3 ausgeführt, wird jedes Projekt in Teilaktivitäten aufgespalten, die im PSP (Projektstrukturplan, Abb. 7.23) aufgelistet sind. Das gesamte Projekt wird in Zeitabschnitte unterteilt, deren Ende durch Meilensteine markiert wird. Die Zielerreichung wird bei jedem Meilenstein mit der Methode des Design Review, Kap. 7.3.2. überprüft. Bei positiver Bewertung startet der nächste Abschnitt.

Hinweis: Die durch die Meilensteine definierten Zeitabschnitte korrelieren natürlich mit der im PSP aufgelisteten Tätigkeitenstruktur. Es muß jedoch nicht jede einzelne Tätigkeit mit einem Meilenstein abgeschlossen werden.

Die MTA überprüft nun in festgelegten Zeitabständen die Erreichbarkeit der noch in der Zukunft liegenden, also noch nicht abgeschlossenen Meilensteine.

Trends, absehbare Verzögerungen von Teilaktivitäten und des gesamten Projektes können damit rechtzeitig registriert werden und entsprechende Gegenmaßnahmen durchgeführt werden. MTA's werden insbesondere im Rahmen der Projektreviews, der Qualitätsbewertungen (Kap. 7.3.2), der Berichterstattung an Kunden und/oder Unternehmensleitung und im Projektabschlussbericht eingesetzt.

Abgeschlossene Meilensteine (eigentlich sind die durch den jeweiligen Meilenstein gekennzeichneten Aktivitäten abgeschlossen) werden nicht mehr berichtet.

In Abb. 7.23 werden Darstellung und Interpretation der MTA an einem fiktiven Beispiel erläutert:

In Abb. 7.23 hat es bei den Aktivitäten, die mit dem Meilenstein M1 abzuschließen sind, keine Verzögerungen gegeben. Er wird nach seinem Abschluss (Zeitpunkt 2) nicht mehr berichtet.

Bei der Bearbeitung der zu Meilenstein M2 gehörenden Aktivitäten gab es kontinuierlich Verzögerungen, sodass er zum ursprünglich geplanten Zeitpunkt 3 nicht erreicht wurde. Er muss also zum Berichtszeitpunkt 4 nochmals betrachtet werden. Offensichtlich wurden die Verzögerungen nicht erkannt oder in Kauf genommen.

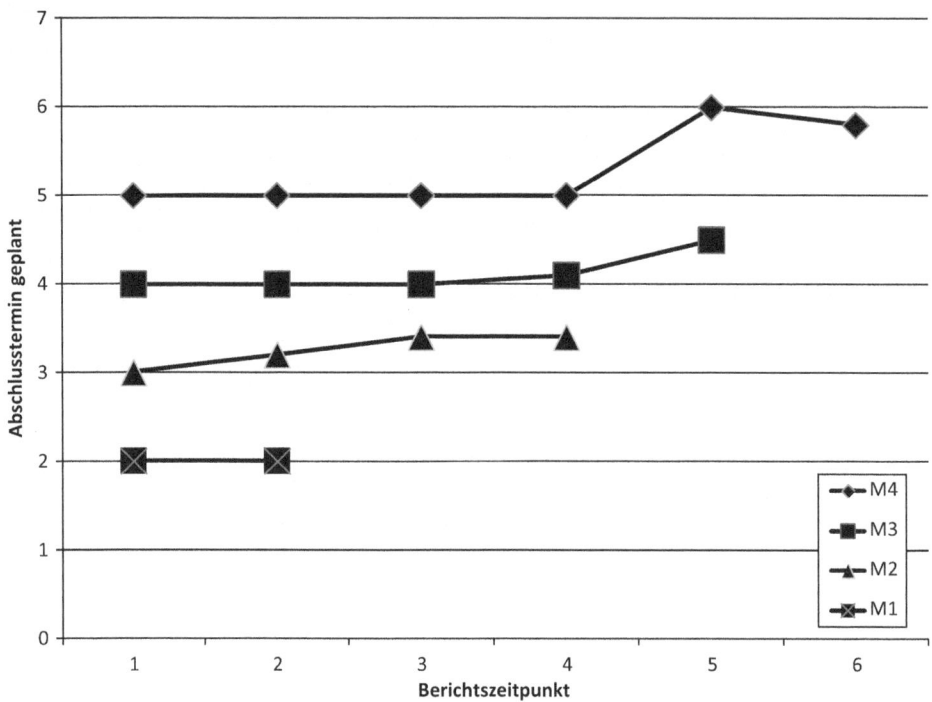

Abb. 7.23 Meilenstien-Trendanalyse

Die Aktivitäten zum Meilenstein M3 verliefen nach Plan, bis vor dem Berichtszeitpunkt 4 eine Verzögerung eintrat.

Offensichtlich hat sich die Verzögerung von M3 auf M4 ausgewirkt. Trotz eingeleiteter Maßnahmen konnte der ursprüngliche Zeitpunkt für M4 nicht gehalten werden.

Literatur

Brauer, J. 2009. *Din EN ISO 9000: 2000 ff. umsetzen*. München: Carl Hanser Verlag.

Braunschweig, C., D. Kindermann, and U. Wehrlin. 2001. *Grundlagen der Managementlehre*. München: Oldenbourg Verlag.

Busse von Colbe, W., A. Coenenberg, P. Kajüter, U. Linnhoff, and B. Pellens. 2007. *Betriebswirtschaft für Führungskräfte*. Stuttgart: Schäffer-Poeschel Verlag.

Domschke, W., and A. Drexl. 2007. *Einführung in Operations Research*. Berlin: Springer.

Füermann, T., and C. Dammasch. 2012. *Prozessmanagement*. München: Carl Hanser Verlag.

Gembrys, S., and J. Herrmann. 2009. *Quailitätsmanagement*. Freiburg: Haufe.

Gietl, G, and W. Lobinger. 2010. *Qualitätsaudit*. München: Carl Hanser Verlag.

Hentze, J., A. Heinecke, and A. Kammel. 2001. *Allgemeine Betriebswirtschaftslehre*. Bern: Verlag Paul Haupt.

Hopfenmüller, M. 2008. *Professor der Hochschule Regensburg*.

Homburg, C. 2012. *Grundlagen des Marketingmanagements*. Gabler: Springer.

Kamiske, G. 2000. *Der Weg zur Spitze: Business Excellence durch Total-Quality-Management*. München: Carl Hanser Verlag.

Kamiske G, and J. Brauer. 2008. *Qualitätsmanagement von A bis Z*. München: Carl Hanser Verlag.

Kano, N. 1984. Attractive quality and must-be quality. *Journal of the Japanese Society for Quality Control* H.4: 39–48.

Kirchner, A., M. Maier, G. Rohde, G. Robens, and D. Schmied. 2009. *Produktionsorganisation: Qualitätsmanagement und Produktpolitik*. Haan-Gruiten: Europa-Lehrmittel.

Kotler, P., et al. 1999. *Grundlagen des Marketing*. New Jersey: Hall.

Lehmann, G. 2002. *Statistik*. Heidelberg: Spektrum Akademischer Verlag.

Lessel, W. 2012. *Projektmanagement*. Mannheim: Cornelsen Scriptor.

Lindner, A., Becker, P. 2010. *Wertstromdesign*. München: Carl Hanser Verlag.

Malle, H. 2006. *Handbuch Mathematik*. Hamburg: Nikol.

Masing, W. 1999. *Handbuch Qualitätsmanagement*. München: Hanser Fachbuch-Verlag.

Müller-Prothmann, T., and N. Dörr. 2011. *Innovationsmanagement*. München: Carl Hanser Verlag.

Papula, L. 2006. *Mathematische Formelsammlung*. Wiesbaden: Vieweg.

Pfeifer, T. 1993. *Qualitätsmanagement*. München: Carl Hanser Verlag.

Probst, H., and M. Haunerdinger. 2004. *Karrierefaktor BWL*. Freiburg: Haufe.

Pufél. 2012. *Nachhaltigkeitsmanagement*. München: Carl Hanser Verlag.

Srama, A., and K. Morawa. 2008. *Grundwissen Beratung und Verkauf*. Berlin: Cornelsen Verlag Scriptor.

E. Müller, *Qualitätsmanagement für Unternehmer und Führungskräfte*,
DOI 10.1007/978-3-642-41002-4, © Springer-Verlag Berlin Heidelberg 2014

Sachverzeichnis

E. Müller, *Qualitätsmanagement für Unternehmer und Führungskräfte*,
DOI 10.1007/978-3-642-41002-4, © Springer-Verlag Berlin Heidelberg 2014

Ausgezeichnet!

Kundenservice ist für uns mehr als ein Wort.
Darauf geben wir Ihnen Brief und Siegel.

VO**RWE**G GEHEN

The manufacturer's authorised representative in the EU is Springer
Nature Customer Service Centre GmbH, Europaplatz 3, 69115 Heidelberg,
Germany. If you have any concerns regarding our products, please
contact ProductSafety@springernature.com

Printed and bound by CPI Group (UK) Ltd, Croydon, CR0 4YY
30/04/2026
02100216-0006